歴史文化ライブラリー

74

隠居大名の江戸暮らし

年中行事と食生活

江後迪子

吉川弘文館

目次

『臼杵藩稲葉家奥日記』と大名の生活文化――プロローグ

プロローグ

食生活の歴史を研究するにあたってはさまざまな記録を対象とするが、史料の多くは上流社会のもので、しかも行事や儀礼などハレについての記録が多く日常の生活に関するものはごく稀である。大名家の場合もその例外ではない。

近世の食生活に関する史料を探していたとき、延べ一二〇年余もの日々の暮らしについて書かれた『臼杵《うすき》藩奥日記』に偶然出会った。日記の多くは江戸屋敷のものである。大名たちは江戸においても国元においても徳川将軍を頂点とする堅固な幕藩体制のもとで、決められたしきたり通りの生活をしていた。臼杵藩は小藩の外様《とざま》であるけれども、江戸城への登城や寛永寺への参詣など他藩との接触もかなりあって、大藩の様子も知り得たと思われる。しかし、家格尊重の思想によってきびしく統制されていた時代であるから、同格の大名以上のことも以下のこともしにくい状況であったはずである。

今までの武家についての研究対象の多くが藩政を中心とした記録であったのに対し、この日記は奥という女性とこどもの生活の場において書かれたものであるため、奥を通して武家の生活を見ることができる。日記の常として天候に始まり、毎日の行事や行動など実に詳細に記されている。衣食住という生活の基礎が、近世の武家社会でどのようになされていたのか、膨大な史料は少しずつこの疑問を明らかにしてくれた。

時はちょうど化政期、町人が台頭しはじめ幕藩体制は次第に崩壊していく時期である。激動の社会にあって、武家の奥方たちがどのような暮らしぶりをしていたかについてもその一端を知ることができる。日本の生活様式や伝統文化の多くが形成された江戸時代の武家の暮らしを振り返ってみるのもよいのではなかろうか。

臼杵藩の江戸屋敷と公務

4 国元と江戸屋敷

臼杵城と江戸屋敷

臼杵《うすき》藩稲葉家は、初代貞通《さだみち》が美濃国《みののくに》郡上八幡《ぐじょうはちまん》城から慶長五年（一六〇〇）臼杵城に入封した。臼杵は大友宗麟《そうりん》が城を築き、南蛮交易も行われていて、城下町もかなり発達していたところである。領知は五万石余と大きくはなかったが、初代藩祖以来転封はなく、明治四年（一八七一）の廃藩置県まで稲葉氏によって治められていた。

日記は江戸上屋敷、江戸下屋敷、江戸誠感《せいかん》院屋敷、江戸鼓《つづみ》屋敷、江戸役所、臼杵城、臼杵米山屋敷、臼杵役所などにわかれている。上屋敷は在任中の殿様および室（奥様）の住まい、下屋敷は稲葉家の場合隠居後の殿様の住まいであった。誠感院屋敷は十三代幾通《ちかみち》

図1　現在の臼杵城址

図2　稲葉家の家紋の入った鬼瓦

江戸誠感院屋敷	江戸鼓屋敷	臼　杵　城	臼杵役所	米山屋敷
弘化元～嘉永5 嘉永6＊	文久元,3	文政8＊ 弘化4 安政元～同6 文久元～同3 慶応元～明治3 明治5＊	嘉永2～同6＊ 安政2＊ 安政5＊ 万延元＊ 文久元～明治元 明治2＊	嘉永2，3＊ 安政2～4 文久3～元治元 明治2＊
10	2	18	17	8
不　詳	不　詳	臼杵市丹生嶋		臼杵市海添
不　詳	不　詳			不　詳
清昌院（幾通実母） 誠感院（幾通室）	国清院（観通室）	13代幾通と側室 14代観通と側室？ 15代久通と側室		慶昌院（観通実母） 国清院（観通室） 至徳院

欠落箇所のあるもの.

表1　臼杵藩稲葉家祐筆日記年代別屋敷別分類

屋敷 / 項目	江戸上屋敷	江戸役所	江戸下屋敷
年　　代	享和元～ 文政3＊ 天保6～ 同14	文化11,14 天保9,11 弘化元，3 嘉永元＊	文政2＊ 文政4～ 弘化3 (文政9欠落)
冊数(116)	29	7	25
屋敷所在地	港区西新橋		港区麻布台
屋敷の広さ	4954坪 (明治3)		3480坪 (明治3)
居住者	11代雍通と室 12代尊通 13代幾通と室		

注　享和元年（1801）より明治5年（1872）までの分類．＊は

「芝口南西久保愛宕下之図」〔万延 2 年〕)
D 芝神明，E 市兵衛町，F 飯倉町，G 久保町

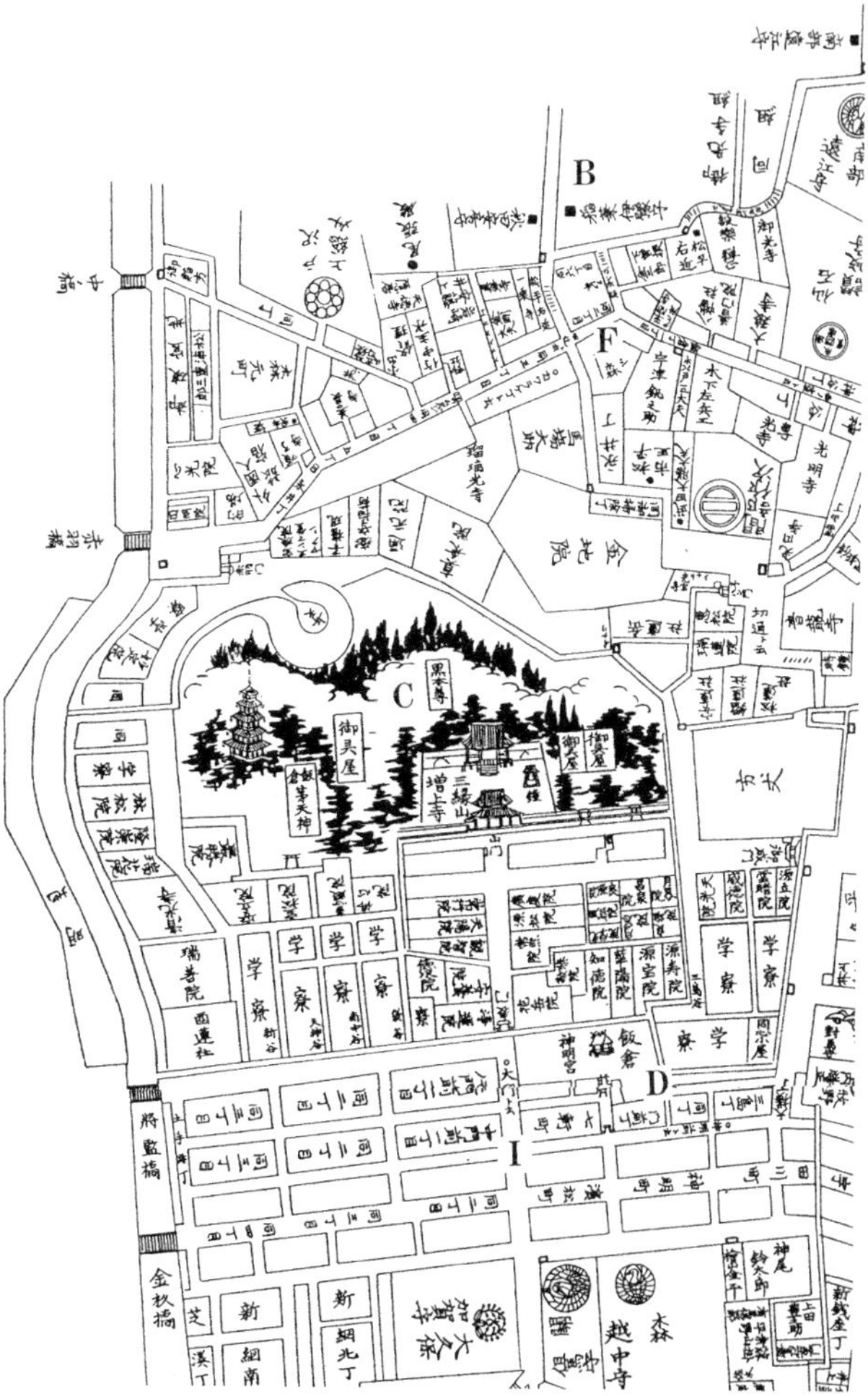

図3　江戸後期の芝周辺図（尾張屋板
A 稲葉家上屋敷，B 稲葉家下屋敷，C 増上寺，
ほか，H 芝口町・柴井町ほか，I 神明町・大門

の母（清昌院）と室（誠感院）、鼓屋敷は十四代観通《あきみち》の室の住まいであった。役所とは、江戸および臼杵それぞれの屋敷を総括していた場所のようで、江戸では上屋敷、臼杵では城内におかれていたと思われる。

江戸屋敷の日記は、享和《きょうわ》元年（一八〇一）より嘉永六年（一八五三）までと全体の三分の二を占め、前半はほぼ江戸の日記である。

藩主は十一代雍通《てるみち》二十四歳の江戸上屋敷に始まり、続く十二代尊通《たかみち》、十三代幾通、十四代観通《あきみち》、十五代久通《ひさみち》と五代にわたっている。十一代雍通は文政三年（一八二〇）四十四歳で家督を嫡子尊通にゆずったものの、十二代尊通は二十歳で家督相続後一年半の在位、続く七歳の十三代幾通（次男）は二三年間の在位と相次いで若い藩主に先立たれ、雍通は七十一歳で亡くなるまで江戸に住み、藩主の後見人としての立場を務めていた。

この日記は、十一代雍通の生活ぶりが多くを占め、雍通の死後は十四代観通、十五代久通にいたり、明治四年の廃藩置県までのものがある。廃藩置県後の日記は、簡略な内容のものが数年分あるのみである。

稲葉家の江戸屋敷は、現在の港区にあった。上屋敷は西新橋、下屋敷は麻布台（現、飯倉郵便局）にあり、その距離は直線で一、二キロと近く、毎日のように行き来がみられる。

稲葉家の場合は、上屋敷は一八〇五坪、下屋敷は三四八〇坪と下屋敷の方が広かった。上屋敷は慶長十六年（一六一一）二代典通《のりみち》が、下屋敷は寛永元年（一六二四）それぞれ拝領したものである。江戸屋敷の図面はないが、二階から花火を見たという記録からみて、二階建てであったと思われる。

臼杵城の奥の間取りは、居間、新間、寝所、祐筆《ゆうひつ》の間、納戸《なんど》、客座敷、仕舞所、三の間、茶の間、四の間、御涼所、御膳所、御土蔵などがあった。

大名屋敷の人々

それぞれの屋敷を総括するのは家老で、その配下に側女中《そばじょちゅう》がいる。側女中は表の殿様、奥の奥様、こどもが生まれる前には育児のための人員などそれぞれの人別に付けられている。したがって、その時の人員構成によって総人数は異なった。

弘化《こうか》三年（一八四六）の上屋敷奥女中の人数は老女《ろうじょ》、御中老《おちゅうろう》、御側《おそば》、御次《おつぎ》、御小姓《おこしょう》、御《お》中居《なかい》、御末《おすえ》など一五人であった。またこのほかに表勤めの家老、御小姓頭《おこしょうがしら》、直詰、御用《ごよう》達《たし》、御用人、御医師、御内所女中、御附《おつき》、御口番《おくちばん》、御手明《おてあき》、小使など三〇人近い人々がいた。

江戸詰めの家臣には門限があった。『臼杵時代考』には「享保四年（一七一九）諸臣の外出時の門限を侍・小侍は夜五ツ（午後八時）、足軽以下は夜六ツ（午後六時）」と定めている。夕方六時の門限はいかにも早すぎるように思える。

側女中はどのようにして採用されたのだろうか。安政二年（一八五五）臼杵城では、御側と御次を京都から雇っている。採用にあたっては、支度料として御側に金七両、御次に金五両が渡された。金七両で高級な反物が六、七反買えた。

江戸屋敷の場合、御次は江戸市中から採用することが多かった。文化十一年（一八一四）には、元大坂町家主越後屋忠右衛門の娘や神田塗師《ぬし》町家主某の娘、元大坂町越後屋忠兵衛の娘など町屋の娘が雇われている。側女中たちは日々それぞれの仕事でかなり忙しい。もっとも位の高い老女は側女中たちを監督する立場にあった。御中老以下の側女中たちは殿様や奥様などの身の回りの世話、行事や儀礼の段取り、親戚などへの挨拶の代行などをしていた。

側女中の休日の過ごし方についてみよう。休日にもいろいろある。本人や家族の病気などの場合は突発的であるのは致し方ない。とくに実家に不幸があったときなどは、「宿下《やどさが》り」といって一週間程度の休暇をもらっている。本人が病気の場合は、軽快するまで休む。産休もあったらしい。天保六年（一八三五）江戸屋敷において、出産後はじめて勤務に復帰したときに桃を、安政四年（一八五七）臼杵の例では肴《さかな》を献上している。したがって、結婚後も勤める場合があった。

このような長い休暇以外に一日暇《いちにちいとま》もあった。これはいわゆる休日で、神参り、寺参りなどをした。二、三日の宿下りも行われている。このときには奥様から魚やすし、季節の果物、菓子などが家への土産として渡され、そしてお屋敷へ帰ってくるときには「今日上り」として同じく殿様や奥様への土産が用意されている。このように側女中と稲葉家との関係は、実家の親がお屋敷を訪ねたり、逆に大殿様が御次の家へ立ち寄ったり、贈りもののやりとりをしたりと親密な付き合いがみられる。

側女中の解雇

側女中が退職するのはどのような場合だったのだろうか。結婚による依願退職はかなり多い。町屋では、娘たちを行儀見習いを兼ねて武家勤めをさせていた。このような場合は、「縁付きにつき」として退職する。お屋敷からは、餞《せん》別《べつ》の酒や御料理が出された。

また定年退職と思える場合もある。天保十年（一八三九）には「瀬山儀老年に及び隠居願い出」とある。この場合の瀬山の年齢はわからないが、慶応三年（一八六七）老女梅岡の退職時の年齢は四十五歳であり、三人扶持《ぶち》五〇両が与えられている。ちなみに『柏崎日記』（天保年間（一八三〇〜四三））の松平藩越後支領柏崎陣屋詰の勘定人渡辺勝之助は九石三人扶持であった。

側女中ではないが、弘化三年（一八四六）家老片岡伊蔵が病気のため隠居を願い出て家督を息子駒之丞へゆずったときには、隠居料として米一〇〇俵が渡されている。これはおよそ四〇〇両に相当するので、老女の五〇両と比較してその役職に比し手当ては妥当なものなのだろうか。

江戸時代の初期、寛永年間（一六二四〜四四）すでに倹約令が出されていた。寛永十二年（一六三五）の例でみると冠婚葬祭の倹約、庶民の着物は紬《つむぎ》・木綿の着用、同十八年には饗宴の献立は二汁五菜までなどといった制約である。以後たびたび倹約令が出されたにもかかわらず、いったん膨張した暮らしを引き締めることは並大抵のことではなかった。日記にみられるその影響のひとつは、リストラによる側女中の人員減である。文化十四年（一八一七）には奥女中が六人減らされている。また、このころから贈答品の種類や数も減る傾向がみられる。

側女中の解雇には、次のような場合もあった。わかなという女中が「ふとり困り儀に付、長の御暇《おいとま》、今日宿下り」ともある。働くのに不都合だったと思える。これは病的な理由と考えてよいだろう。そして、大量解雇が行われたのは、仕えている主人が亡くなったときである。四十九日の法事を済ませると、亡き主人つきの女中全員が解雇されるのである。主人を失った悲しみにくれる間もなく、自分の身の振り方、荷物の整理に追われることになる。

元治元年（一八六四）、国清院（観通室）の場合をみよう。主人である国清院の四十九日を済ませた老女松岡は、剃髪《ていはつ》し良哭《らく》と改名した後江戸へ帰った。他の側女中たちも、それぞれの国元へと帰国した。この時、支度料として良哭へ金六両と別に五〇〇疋、中老千代野には五両と一匁、御側まちには三両と一匁、御末若菜には二両と二〇〇疋が渡されている。支度料とは、隠居料すなわち退職にあたるものであろう。

前出の老女梅岡の場合と比べるとかなり少ないが、この金額の差は勤務年数などによったのかもしれない。

江戸と国元の情報交換

飛脚　江戸と臼杵との情報のやりとりは日常的に行われ、その手段は飛脚であった。武家の場合は、大名飛脚によって国元のできごとを江戸へ、江戸のできごとは国元へ伝えられた。

元禄から元治《げんじ》年間の『稲葉家御例式覚書』(『稲葉家文書』八)によれば、国元の老中へ御書を出すのは年始、暑と寒、御参府翌日、御参勤御礼済み、御暇《おいとま》(帰国)、年号改元などと定められている(表2)。これに加えて、日記には参勤交代の途中からの知らせがよく見られる。大井川が増水のため渡れないとか、どこの宿場に着いたとか、大坂を出船するとか、何日に江戸または臼杵に着くといったものである。明治になって郵便制度ができ

表2　御在所御家老中へ御書くださるるの事

事　　項
一　年始
一　暑寒
一　御参府翌日
一　御参勤御礼済み
一　御暇（帰国）
一　御初入部節大坂御着御祝儀御家老衆始侍中より書状差上之節被下候事
一　御公役被蒙候節
一　年号改元
一　公義重御吉凶
一　臼杵御城御修復御願
一　御家老御用筋ニ付大坂抔江罷越候節
一　御留守詰之御家老衆出立後下着之使
一　御家老之内死去有之時
右之外重立事者何事ニよらず被候事

注　『稲葉家文書』（年不詳、大分県立先哲史料館蔵）より作成。

るまで、飛脚による情報の伝達が行われたのである。

江戸と臼杵間の日常の飛脚の所要日数は、およそ二〇日余であった。これに対し、早打ちの知らせというのがあった。雍通《てるみち》の危篤の知らせは、臼杵へ九月二十八日に届いた。続いて三十日には馬や駕籠《かご》を使った早打ちの知らせが届いた。この便は九月十九日に雍通が死んだとの知らせであった。所要日数は一一日と、通常の約半分であった。緊急時には、このような方法がとられた。

飛脚のほか船による輸送があったが、通常の船より早い早船というものがあった。漕ぎ手が多く乗ったものと思われるが、これが使われたのは元治元年国清院（観通《あきみち》室）の死の知らせについてである。国清院が亡くなったとき、藩主久通《ひさみち》は江戸にいた。ちょうど、帰国の時期であったのでただちに江戸を発った。大坂から早船を使って帰国している。

妻の国入り

大名の妻たちは江戸を離れることはできなかった。旅をするにも許可が必要で、わずかなたのしみは浅草をはじめとする寺社への参詣であった。

妻の旅の記録としては弘化《こうか》二年（一八四五）寂照院（雍通の妾）が、夫である藩主の死後国元へ帰った例と、文久三年（一八六三）観通の死後国清院（観通の室）が帰国したときの記録がある。年代順に寂照院の場合からみよう。

弘化二年九月二十一日、寂照院が江戸下屋敷を午前七時に出発した。宿泊地は川崎、藤沢、小田原、三島、蒲原、鞠子、金谷、見附、舞坂、吉田、岡崎、宮、四日市、坂下、石部、大津、伏見から十月八日大坂屋敷へ着いている。宿はそれぞれ本陣であった。宿では主人がそこの名物を献上するほか、次の宿からも献上品をたずさえて挨拶にやってくる。大坂では六日間をゆっくり過ごした。土産を整えたり、道頓堀《どうとんぼり》見物をしたりしている。十月十三日出船、川口、明石、大島、下津井、淵波、こう島、大後、宮島などへ寄りながら守江（大分県杵築市）に着いている。船は午前四時〜五時に出発することも多く、きびしい旅であった。臼杵には、十月二十五日に着いた。延べ三四日の長旅であった。

次に国清院の場合についてみよう。文久二年、二十四歳の観通が死んだとき、国清院は二十一歳で、江戸の鼓屋敷に住んでいた。国清院が江戸を出発したのは翌文久三年十二月十三日のことである。文久二年には幕府は参勤交代を緩め、妻子らの帰国を許したこともあって、国清院の帰国は当然のなりゆきであった。住まいを引き払っての帰国であるから、家老以下男衆六人、老女松岡をはじめ側女中一二人を連れての旅となった。臼杵から大坂まで迎えの船がきた。妻のはじめてのお国入りである。途中、大津からの詳しい記録がある。

大津には元旦に着いた。その日、石山寺へ参っている。正月らしく旅の途中でも、鏡餅が用意された。大津からは、休憩をはさみつつ伏見へ、そこからは川船で大坂へ向かった。大坂には約二週間滞在している。はじめての長旅であり、物珍しさもあってかあちこちへ出かけている。天満《てんま》の天神や住吉神社へ参詣したり、町方を歩いたり、天下茶屋や住吉前の茶屋、新難波茶屋などに立ち寄って休み、なにわやという茶屋ではあんころ餅を食べたりしている。十一日は鏡びらきであるが、しきたりの通りお汁粉が用意されている。堺からは船で出発した。途中、金比羅参りに寄っている。約二週間かかって、文久三年二月一日臼杵近郊の佐志生《さしゅう》の港に着いた。船から上陸したのは、翌々日である。江戸を出て四五日間の長旅だった。船で旅をする機会が多かった当時、長時間船中で過ごすために、出立にあたっては酒や食べ物が餞別として贈られることが多かった。また、夜になると花札やかるたで気分転換したらしい。

臼杵に着いた国清院は、慶昌院（観通実母）の住まいに同居することとなった。新居は、普請中の米山屋敷の予定であった。

船中の食べ物

臼杵から兵庫の室津または大坂までは船の旅が多かったので、かなりの食物が積み込まれた。安政四年（一八五七）殿様の出船のときには、白米や大豆などを炒った「いりいり」と塩雉《しおきじ》が贈られている。国清院の場合も、迎えの船に柑類一箱、梅干し一壺、塩鯛一枚、お歯黒用の鉄漿《かね》一壺、いり物一徳利二升入、みそ漬一壺、干かれい二袋、干物三束ほかに惣女中よりの進物が積み込まれた。これは、瀬戸内海の船旅用である。

文久元年の老女藤衛の船中用には、干かれい五〇枚、するめ五枚、わかめ三わ、干大根五〇本、じゃがたら（みかん）三つ、橙一〇個、ひじき一俵、みそ桶一桶（大根入れこみ）、梅干し一壺、酢樽二升八合入り、大根、たかな、まなの漬物桶など大量の食料が積み込まれた。乾物や漬物が多いのは当然のことである。そのほかの例からも干肴、梅干し、炒りものなどはよく積まれた品である。慶応三年（一八六七）に船中御用として用意された食品は従来のものに加えて白砂糖、葛粉《くずこ》、せんべいなどがある。葛湯をたのしんだものだろう。

出発予定は、天候などの都合で遅れることも多かった。そのときは、船から降りることはせず、いつ出発してもよいように船中で待機した。滞船と記されている。そのため酒や御膳、煮しめや野菜などが届けられた。文久三年の滞船は一週間にもおよび、その間も鯛や塩鷺、さつまいも、そば切、羊羹、餅菓子、汁粉などが運ばれている。

お供について述べよう。弘化元年（一八四四）三月、臼杵に住んでいた六歳の冨太郎（後の十四代観通）が、病弱な幾通《ちかみち》の仮養子となるべく急遽江戸へ向かった。このときの供は足軽二四人、下供二三人、草履《ぞうり》取り一人、御駕籠《おかご》四人、傘の者一人、道具の者三人、御《お》挟箱《はさみばこ》二人など計六〇人ほどであった。将来の藩主でもあり、こどもとはいえ藩主なみの警護である。

これに対し、同年十月臼杵にいた竹子姫（観通妹＝十五代久通室）が江戸へ出発したときは、側女中三人と供の侍中、小侍三人、足軽四人、下男二人、小人四人の計一四人が付き添った。奥様方の場合よりやや少なめの人数であるが、藩主の妹であるためか幼いこどもでもかなりの人が付き添っている。竹子姫一歳のことである。

殿様（藩主）の仕事と奥の暮らし

藩主の公務

江戸における藩主の仕事は、年中行事や儀礼、月並《つきなみ》の登城など幕府への義務が結構忙しい。藩主として藩の掌握ももちろんのことである。藩のかかわる儀礼について予定表および献上品からみよう（『稲葉家文書』八）。

安永から天保ごろの記録では五節句および月並の登城が年間三五回ほど、将軍家の菩提寺のある上野寛永寺や芝増上寺への参詣が一〇回のほか、日光御門主様・御三家・御一門への年礼などがある。

五節句に登城できないときは、老中へ届けを出さなければならなかった。うかうか病気もできない。登城は重要な勤めのひとつであり、終わってお屋敷へ帰るとお祝いをしている。また、季節ごとの献上品は、将軍家はもちろんお城の大老、老中、若年寄、西丸の老中、老中の親戚、老中の嫡《ちゃく》子《し》、西丸の御側御用人、西丸若年寄、御側、京都所司代、大坂御城代、寺社奉行・御留守居・大目附・町奉行・勘定奉行、京大坂町奉行、伏見御奉行、大坂御定番、大坂御船奉行、長崎御奉行、長崎御代官、高松御代官、日田御代官、浦賀御奉行、三高家《こうけ》、日光御門主、御三家などへの儀礼は欠かせなかった。このように広範な付き合いを義務づけられていたのであるから、その負担だけでも大変なことであった。

図4　寛政九年八朔御不参之節の届書

> 私儀　病気ニ付　明八朔
> 公方様　右大将様江御太刀
> 御馬代以使者献上仕候
> 御届申上候　　以上
> 月　日　　御名

献上品は定められた時期に行わなければならず、臼杵藩の場合、寒中見舞いとしての蜜柑が不作の年には御用番へ届け出ている。ちなみに、寛政十二年（一八〇〇）の献上品は、夏はもずくが一斗、冬は鮎とみかんで白干鮎が一二八〇匹、塩鮎七六〇匹、みかんが四七五〇個で、これらは船便で送られた。国元では豊後水道のもずく、大野川の鮎、津久見の蜜柑などは献上品として管理され、庶民の口にはほとんど入らなかったのである。幕府への献上の定めは、文久二年（一八六二）閏《うるう》八月公儀によって大改革が実施され、妻子の帰国をはじめ服装の改革、献上物もこの年以後中止されることとなったのである。

将軍の崩御

緊急の事態が発生した場合は、ことのほか多忙をきわめる。天保十二年（一八四一）閏一月三十日、大御所（徳川家斉《いえなり》）崩御の場合をみよう。「今《こん》、辰《たつ》の下刻《げこく》崩御」と知らせがあった。当分の間普請差止め、魚肉を入れず、二七日《ふたなのか》まで精進とある。すべての武家が精進したと思われる。二月一日から三日間、六日、十三日、十五日、十九日、二十一日、二十二日、二十四日、二十八日、三月一日、三日、九日、十三日、十四日、十五日、二十一日と七日ごとの法要以外にもたびたびお城へ登った。大御所の出棺は、死後二〇日経った三月二十日であったことが奥日記に記されている。

藩主は公務があって多忙なだけでなく、私的な行動は慎んだようで、遊興についてはほとんど記録がない。とくに、在府中は幕府の目や体面上からも、かなり束縛された生活だった。これに対して、隠居後の大殿様は自由人として大いに生活をたのしんでいる。

参勤交代の人数

参府とは国から江戸または国元へ、帰府とは江戸から臼杵へ帰ることをいう。隔年に行われた参勤交代は、各藩とも多大な人力および経済力を要した。もっとも、藩の体力をそぐことが幕府のひとつのねらいであった。臼杵藩の参勤交代の人数は、天保十一年四七〇人、天保十三年二九九人、文久二年二七六人であった。

行程はおよそ三〇～四〇日、コースは臼杵から大坂または室津まで船、大坂から伏見まで川船、伏見から江戸までは東海道をのぼった。帰路は中山道を通った。御召船の数一五、そのほかに風呂などを含む道具をのせた御灘船、馬をのせた船など一二～一四艘が同行した。どの藩も、だいたいこのような規模で行っていたのであるから大変なことであった。参勤の途中で体調を崩したときは、その場から国元へ引き返したこともある。安政三年（一八五六）三月七日、臼杵より乗船した観通は、同月二十五日出先より引き返している。

参勤交代の制度は、文久二年（一八六二）参勤の義務を緩めたことによって次第に崩れていった。

奥の暮らしと経費

側女中たちへはお仕着せとして中元と歳暮が渡された。享和《きょうわ》元年（一八〇一）江戸上屋敷の歳暮の一覧を表3に示す。御末の額が多いのは、姫様付きのためこの場合特別であったと思われる。また老女たちは身分に応じた付き合いが必要で、他の屋敷へ伺ったときに差し出す金子がかなりあり、相応の手当てを要したのである。

天保元年（一八三〇）には「御賄料近年は年々御不足に相成り、昨年よりは諸色高値《しょしきたかね》に

表3　御側への歳暮（享和元年〔1801〕江戸上屋敷）

対象	お屋敷より	姫様より	奥様より別に	合計換算値
老女2人（糸崎深の井）	金　100疋宛	銀　3匁宛	金300疋宛	（約4300文）銀64.2匁
年寄2人	銀　3匁宛	金　2朱宛	金200疋宛	（　900文）銀13.5匁
若年寄5人	金　2朱宛		金100疋宛	（　600文）銀9　匁
小姓2人	金　2朱宛			（　500文）銀7.5匁
側　2人	銀　1匁		金100疋宛	（　167文）銀2.5匁
御次5人			銀　2匁宛	（　134文）銀2　匁
中居2人	鳥目 20疋	鳥目50疋		（　70文）鳥目70疋
御末2人	鳥目150文	銀　3匁	金　2朱宛	（　1150文）

注　1分＝銭1000文.

相成り、莫大之御不足にて……」と藩の台所事情の苦しさが記されている。そして、金七〇〇両のうち五五両ほどを惣女中御給金御末御仕着料などとして、三五両ほど昨年より諸色高値に付惣女中へくだされ、五〇両ほどは歳暮・中元として五〇両ずつ三月と七月に、一〇〇両は十二月に、三六〇両は正月より九ヵ月分、一ヵ月四〇両ずつ（米に換算すると約一二俵）、計七〇〇両、三〇〇両は御召服ほか、総計一〇〇〇両となっている。当時の米にすると約四〇〇石となる。寛政ころの役者の給金について記した『燕石十種《えんせきじっしゅ》』によれば、尾上菊五郎の年給は五〇〇両、この程度は珍しいことではなかったとある。これに比べると稲葉家の暮らしは、かなりつつましいといえるだろう。

　天保十四年（一八四三）には「例年通り殿様よ

り奥様へ五十両……」ともある。これは、先に述べた一〇〇〇両以外の奥様の小遣いではなかろうか。また、万延元年（一八六〇）にも御賄料御不足につきとして、五〇両の追加がなされていて、予定外のお金が渡されたこともあるらしい。

国の政策としても武家その他に対してたびたび倹約令が出された。江戸城の畳替えが節約されたという記録もある。臼杵では明治元年（一八六八）寺社奉行、小役人まで集めて、御上京御用の費用がかさみ、御勝手向きも苦しく、身の回りをはじめ御奥には格別の引きしめをしなければ、身代を立て直すこともできないと達せられている。この年の中元は金子不足につき、今年は切手（藩札）で渡すともある。幕末の武家の暮らしがいかに厳しかったかが伝わってくる。

火事と地震

江戸の火事と上屋敷の類焼

火事と喧嘩は江戸の華といわれるほどに、江戸では火事が頻発した。日記には、毎年のように江戸屋敷周辺の火事の記録がある。たとえば、文化三年（一八〇六）泉岳寺より出火し浅草寺まで延焼した江戸大火や文政四年（一八二一）の鎌倉大火、天保五年（一八三四）の大火、弘化三年（一八四六）の大火、嘉永三年（一八五〇）の大火などの記録がある。なかでも、文化三年の大火は焼失武家屋敷一二〇〇軒、町屋一二七万軒といわれるほどであったため、奥女中の家々が焼け、それに対して見舞いをしている。

嘉永三年の大火では、稲葉家の江戸上屋敷が類焼した。この火事は、麹町一丁目より出火し本芝二丁目に延焼し、大名上屋敷三六、旗本屋敷二五〇余が焼けている。この火事について、日記には「麹町四丁目より今朝四ツ時（午前一〇時）より出火、夜九ツ半時（午前一時）御上屋敷御風筋よろしく、殿様此御屋敷（下屋敷）へ御立ち退き、御上屋敷夕七ツ半（午後五時）御類焼に相成り、表御殿、御奥御類焼、表長屋、裏長屋半分残り、表御門、表御土蔵、奥御土蔵相残り……、誠感院様（幾通室《ちかみち》）御火事装束を着け、女中も……」と記されている。大奥の火事装束は紋付きに帯を前に結んだらしく、おそらくそれに近い支度であったろう。

そして、火事の当日の二月五日、知らせを持った飛脚が江戸を発ち、それは二月末に臼杵へ届けられた。焼け出された上屋敷の人々は、当分の間西久保の下屋敷に仮住まいとなった。また、後片付けなどのためか、臼杵からは江戸へ二〇人余を差し向けている。

火事見舞い

火事見舞いは、まず食べ物である。手軽に食べられる焼飯《やきめし》（焼きおにぎり）、握り飯やすし、煮しめ、菓子、お茶、重詰などがすぐに届けられている。茶碗が贈られたり、側女中に金一匁、金二〇〇疋など金子が贈られたりした。すぐ側まで焼けたこともある。神田佐久間町火事といわれる文政六年（一八二三）十二月の麹町辺からの出火のときは、風が強かったため下屋敷の表、奥ともに道具を片付けはじめ、文政九年三月の火事のときは、翌日霞ヶ関からまた出火したのかこれも道具を運んだとある。文政十二年には永坂から出火し、女中やこどもは高輪の東禅寺、松寿院まで立ち退いている。天保十四年三月、上屋敷裏通りの桜田久保町のときは、奥様が御殿に立ち退きともある。側たちが金地院《こんちいん》へ避難したという例もある。天保七年（一八三六）には二月七日より十日まで焼け、中津藩の奥平の殿様と娘鈼子《さくこ》姫は稲葉家下屋敷へ避難し、そのまましばらく逗留した。鈼子姫が世話になるために金五〇〇疋が差し出されている。

野次馬のように対岸の火事を見物したこともある。日比谷の火事を大殿様が御覧になったり、同じく大殿様が天保八年の遊郭吉原の火事のとき観音奥山まで行って眺めたり、四ッ谷辺の火事を奥様が物見から見物したりといった具合である。

このように頻繁に起こる火事に対して、防火を目的に火を使う食物商い店の数を制限する動きがあった。江戸時代は、屋台を引いて歩く食べ物屋が多かったので、蕎麦《そば》売りなど火を仕込んで持ち歩くものや、倉庫の仮住まいでの炊事や倉にひさしをかけての煮売りなどを禁止したのである。また、仮の住宅の建設を中止させたり、新築の場合の茅葺《かやぶ》きを禁止したりと火事の要因となるものについて次々に対策を講じた。また、水桶の常設など防火体制も少しずつ整えられていった。

嘉永三年（一八五〇）二月五日、稲葉家上屋敷が類焼したときの復旧は早かった。二月二十九日地鎮祭、三月四日鋸立て、八月二十二日上棟、九月二十日には引移りをしている。棟上げの日には赤飯が用意された。

臼杵でもたびたび大火があった。宝暦十三年（一七六三）には城下七一四軒焼失、明和三年（一七六六）二九三軒焼失、明和七年一一五軒焼失など、三年おきぐらいに火事に見舞われている。臼杵は文化十四年より城下の周辺、平清水や福良、市浜などでの出火の折、早鐘を打つといった防火体制がとられるようになり、大火の頻度は次第に減っていった。

安政の大地震

安政年間にはたびたび地震があった。そのころには地底の大鯰《おおなまず》が地震を起こすという俗説があって、鯰絵というものが流行したとされている。大地震についての記録を中心にみよう。

安政元年（一八五四）一一月、江戸・東海道大地震が起こった。小田原近辺の被害が大きかった。翌年の十月二日、のちに安政の大地震といわれる地震が江戸を襲った。一説では死者七〇〇〇人、倒壊家屋一万四三四六戸、あちこちで発生した火災によって被害はさらに拡大した。前兆は、六月の奈良から四日市にかけての地震、続く十一月の東海から九州に及ぶ大地震・大津波であった。このとき臼杵においても十一月五日に大地震があった。夜中にたびたび揺れ、家臣は一晩中お城に詰めた。市中の祇園、辻などが津波に襲われた。その後二十四日まで連日「度々地震」「かるき地震」「地震いたし」などと記され、地震を鎮めるために高見寺や天満寺へ祈禱を仰せつけている。しかし翌月の十二月に入っても一〇回、年があけてからも揺れは治まらず四月まで続いた。

十一月五日の地震による臼杵城の被害は、『臼杵藩御会所日記』によれば大手隅櫓、亀櫓など櫓一四ヵ所、埋御門、御客屋門、卯寅ノ口御門など門八ヵ所、その他塀や長屋などが大破した。領内各地の被害も相当なものであった。

この五ヵ月間の地震の前兆をうけて、十月二日の江戸大地震となったのである。異変の知らせは早飛脚によって一〇日後の十月十三日「未曾有の被害」として臼杵へ届けられた。この震災の年の江戸屋敷の日記は混乱のためか書かれていないので、臼杵における記録によって詳細をみよう。江戸屋敷の被害は、被害届によれば上屋敷は住居大破、鳥見所、稲荷、土蔵、厩などが大破、表門番所、表門左右長屋、惣役所、通用門などが破損、下屋敷および原庭御屋敷もほぼ同様の被害であった。「桜田より大名小路辺の家々焼失、市中焼け、死人おびただし……」と市中の様子が伝えられている。稲葉家の関係者には幸い死者やけが人はなかった。御屋敷の人々はすぐに空き地に仮小屋を建てた。菩提寺である品川の東禅寺の位牌所は無事であったと伝えられている。この非常事態に五ヵ年の間格別の倹約をするという記事もある。

江戸大地震の翌年、臼杵米山屋敷の正月の年玉には江戸より地震の絵の双六が贈られている。

天候見舞い　雷見舞いという記録がある。被害がなかったかどうかのお伺いである。また、初雪見舞いもあった。このときにはおかべ（豆腐）やうどん、蕎麦など白いものを贈る風習があったらしい。

国元の暮らし

着城・発駕

四月は殿様が江戸より国元へ帰って来られる月である。参勤の途中の様子は、飛脚によって知らされた。船が臼杵に着くと、正装した家老をはじめ御番頭、御用人、御側《おそば》が御船場まで出迎える。長老衆は大手門辺に、高見寺、法音寺は南の御堀端、御鷹匠は大手下、その他家臣全員と町年寄、庄屋などが麻上下《あさがみしも》の正装で迎える。殿様からはお言葉がある。そして、ただちに居間へ入られる。

臼杵を出発する場合について亨和《きようわ》二年（一八〇二）の例でみよう。三月上旬に出発するということが、一月二十一日の『御会所日記』に記されている。その内容は、供の者の氏名およびその役割についてである。出発間近になると、参勤に要する費用が渡される。途

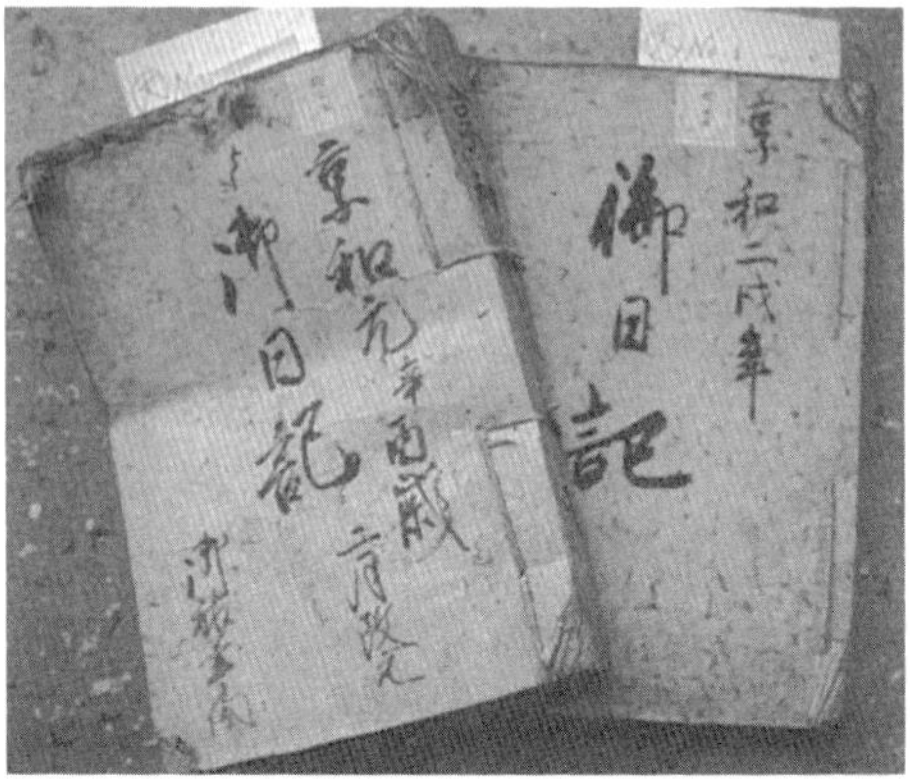

図5　臼杵藩奥祐筆『臼杵藩稲葉家奥日記』
（臼杵市立臼杵図書館蔵）

中宿泊の本陣や昼休みの段取りなど、毎度のことはいえ大変である。

出発当日は、菩提寺の月桂寺ほかへ海陸安泰を祈禱し、家臣一同へ挨拶ののち御口祝いとして餞別の料理が出される。見送りの人は羽織・袴をつけ、出迎えのときと同様に送られる。奥様は本人ではなく、御使いが見送る。出発は、長崎奉行をはじめ近隣の老中へ書状で知らされた。

踏絵

踏絵はキリシタンを検索する目的で行われたもので、寛永六年（一六二九）ごろに始められ、寛永十八年ごろからはキリシタンでないことの証《あかし》として行われた。

『臼杵時代考』には貞享《じょうきょう》二年（一六八五）より寺中の男女や山伏などに踏絵が始まったとある。江戸に比べてかなり遅い実施である。これは、臼杵が大友宗麟《そうりん》にかかわる地であり、一時期南蛮文化の栄えたところであるためだろうか。踏絵は宗門改めとして行われて

表 4　臼杵藩御奥の人員構成

役職	屋敷別人数（人）			
	上屋敷（1846）	下屋敷（1839）	臼杵城（1861）	臼杵米山（1846）
御家老	1		1	
御小姓頭			2	
御用達	2		1	
御用人		不詳	1	
御　附	2		2	8
御医師	2		2	
御内所附	2		1	
老　女			1	
中　老			1	
御　側			3～4	
御　次				
御中居	15	11	2	14
御　末			2	
御半下				
下　女				
御　蛸				
御賄人			3	
御料理人			2	
御口番	4		2	
御小姓両番		不詳	2	12
手　明	1		2	
小　使	7		6	
釜　屋				
御菜園方（臼杵）			5	
合計概数	36	24	41～42	34

いる。各藩には宗門奉行がおかれ、奥日記にも毎年一月末に奥女中の何人が踏絵をしたかが記されている。踏絵についての記録は役所の日記にのみあって、他の屋敷の記録はないところをみると、全体を統括していた居城地の役所の仕事であって、江戸屋敷では行われていない。

踏絵の制度が中止されたのは、安政五年（一八五八）のこととされるが、臼杵屋敷においての踏絵は文久元年（一八六一）にも行われ、「宗門改め御内所女中人数覚」として上屋敷九人うち一人在江戸、御半下五人うち一人在江戸、下女四人とある。さらに、明治二年（一八六九）まで宗門方との記録があるが、幕藩体制崩壊後は女中の人数の確認のための記録となっているように思える。

臼杵での娯楽

臼杵ではどのような娯楽があっただろうか。『臼杵時代考』には江戸初期の寛文六年（一六六六）歌舞伎大夫右近源左衛門ならびに役者数十人を召して、本丸で芝居を観賞したとある。また、同年秋には法音寺で猿楽も行われた。猿楽とは能楽の古称のことで、慶長十二年（一六〇七）江戸城で催されたことに始まり、その後武家の式楽として定められたため、大名家では能を学ぶ必要があった。このような背景のもとに、以後数年に一回城内で能が行われている。

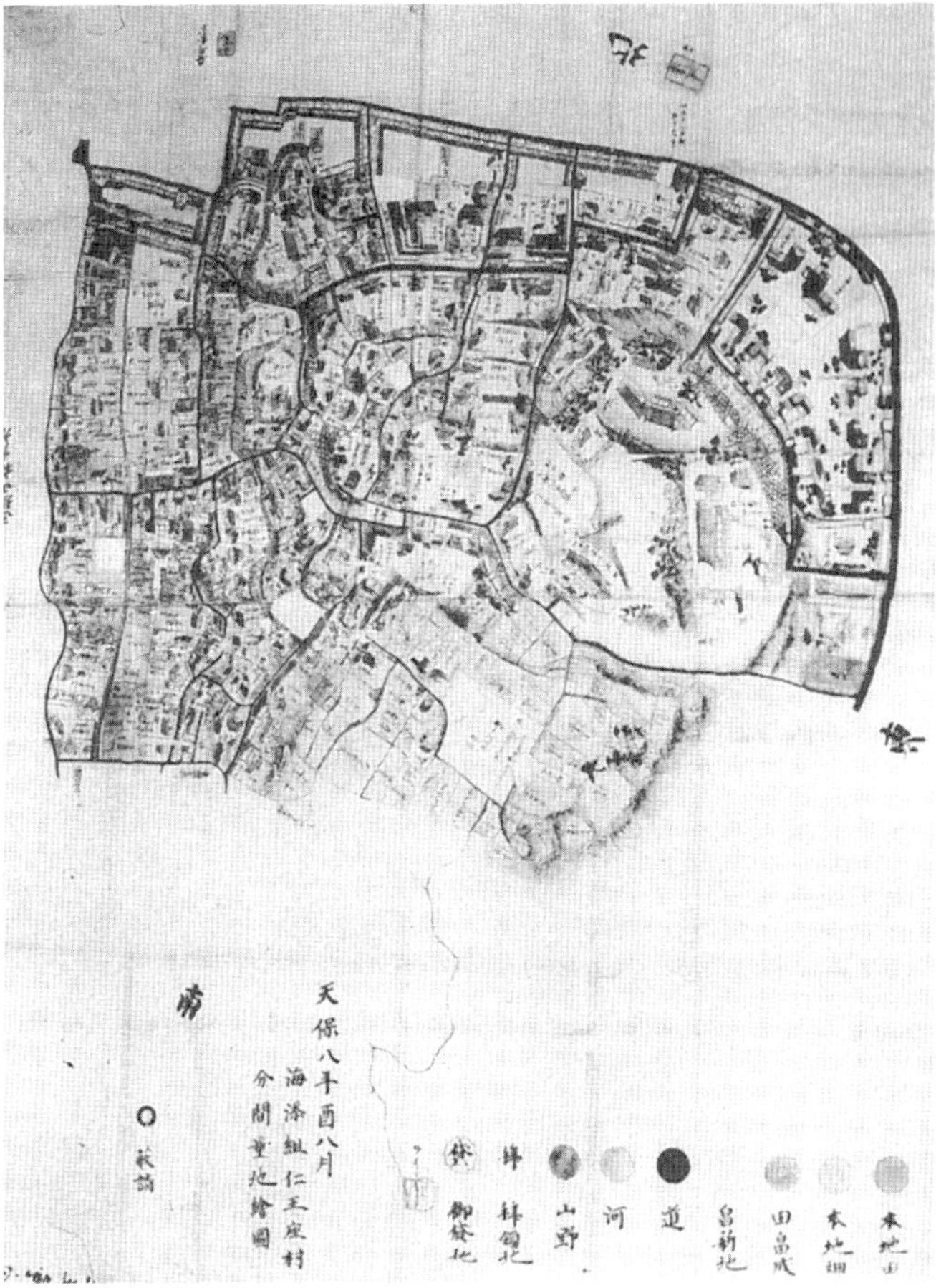

図 6　臼杵領内絵図（『臼杵市史』上巻付図，臼杵市立臼杵図書館蔵）

芝居見物という記録もある。安政五年（一八五八）六月七日、側女中五人が暇をとって見物に、十二日には三人が、十三日には四人が行っている。芝居の興行は同じ場所で何日か続けて行われたようだ。翌年には人形芝居を見物したとある。この芝居の興行は、祇園祭りに合わせて行われた。娯楽の少ない当時であるから、待ち望まれたものだったろう。

殿様は遠乗りとして佐賀関近くの九六位山《くろくい》まで弁当持ちで出かけたり、釣りにもよく出かけている。船を仕立てての海釣りやお立干《たちぼ》しとして城の下での投げ釣り、網打ちなどをしている。船釣りの漁の成果はちぬ（黒鯛）などと細かく記録されている。慶応二年（一八六六）五月から六月にかけては一ヵ月に一五回も網打ちをした。激動の世を離れて、しばし海を眺めていたのだろうか。

家老が湯治に出かけたこともある。安政三年五月湯の平《ひら》（大分県湯布院町）まで行ったり、慶応三年八月「村瀬庄兵衛殿嬉野《うれしの》へ湯治……」とある。保養をかねて有名な佐賀県の嬉野まで出かけたようだ。

参勤交代の土産　殿様が江戸への土産としたものは練酒、養老酒、保命酒、素麺《そうめん》、枝柿などである。練酒、養老酒、保命酒は参勤の途中、鞆《とも》の浦（広島県福山市）の名産であったため、行き来のどちらにも求めたらしい。ちなみに保命酒は、現在昔通りに復元されて鞆の浦で求めることができる。

殿様が江戸より持ち帰った土産は、臼杵では珍しい品物だったと考えてよいだろう。嘉永二年（一八四九）の奥への土産はキセル、髪ざし、こどもへは双六、人形などであった。駒下駄や草履《ぞうり》、本、カナリアなども持ち帰られた。「膝栗毛（『東海道中膝栗毛』）を年玉に」ともあるが、おそらく江戸から運ばれたものだろう。硝子《ガラス》の髪ざしは、女中たちが喜ぶものだったのか、文政五年（一八二二）に始まって明治三年（一八七〇）まで土産としてたくさん持ち帰られた。また、便に託した江戸の親戚からの贈物もある。たとえば、尾張焼茶碗一箱、草履などが江戸よりことづけられている。

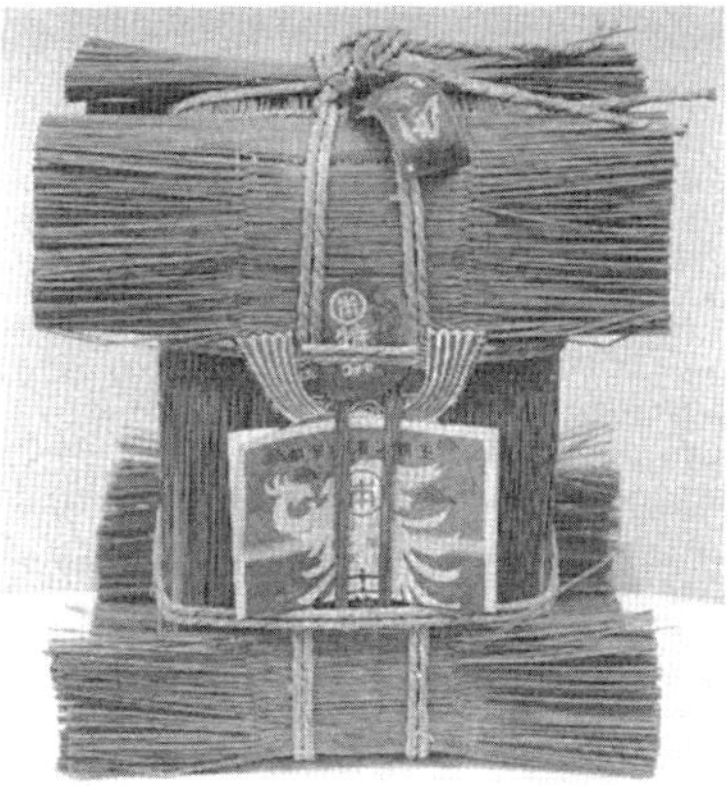

図７　復元された保命酒

お屋敷の明かり

明治元年、私邸の明かりについての記録がある。それによれば、殿様御居間に軍灯二と丸行灯《あんどん》二、番所に丸行灯一、納戸前に角行灯一、御錠口に丸行灯一、御廟番、御二方様居間に丸行灯一など

表5　お屋敷の明かりおよび灯油量（明治2年〔1869〕臼杵役所）

場所	種類	数	油の量	
			大の月	小の月
殿様の居間	軍灯	2	5升	5升
殿様の居間	丸行灯	2	3升3合1勺2才	3升2合1勺6才
殿様の居間	丸行灯	1	8合2勺8才	8合　4才
御家扶番所	丸行灯	1	1升6合5勺6才	1升6合　8才
御納戸前	角行灯	1	1升6合5勺6才	1升6合　8才
御錠口	丸行灯	1	8合2勺8才	8合　4才
御廟番渡			8合2勺8才	8合　4才
御二方居間	丸行灯	1		
御寝所	丸行灯	1		
御錠廊下	丸行灯	1		
御三之間	丸行灯	1		
御次廊下	丸行灯	1		
御之回所	丸行灯	1	2斗1升5合2勺8才	2斗　9合　4才
御台子	丸行灯	1		
御台所	丸行灯	1		
一番部屋	丸行灯	2		
二番部屋	丸行灯	2		
三番部屋	角行灯	1		
合計		13	3斗5升6合3勺6才	3斗4升7合3勺4才

とあり、それぞれに所要の油の量が示されている。貴重な灯油はその使用量まで細かく決められていた。

大坂から運ばれた鳥居

臼杵の祇園社の入り口には鳥居が二つ建てられている。小さくて古い方は大坂より運ばれたもので、慶応三年に「祇園宮御奉納で、御鳥居大坂より下りにつき御建方、御清め御祈禱……」とある。石工がいなかったわけではないだろうが、どのような経緯で遠くから運ばれたのだろうか。

江戸屋敷の行事と儀礼

江戸屋敷の年中行事

正月の行事

臼杵城における元旦は、江戸城に倣《なら》って卯《う》の刻（午前六時）に家中が登城し、御侍《さむらい》、御中小姓《おちゆうこしよう》は大書院、御代官以下は中の間に並んで殿様へ御祝儀を申し上げる。そして、御侍、御中小姓は御熨斗《のし》を頂戴して規式を終わる。江戸屋敷の場合は、屋敷の主人に表で御礼（ご挨拶）をして御熨斗を頂戴し、その後奥で御礼を申し上げる。参勤交代で殿様が国元にいる年は代わりに奥様にお目見《めみえ》をし、殿様には祝いの蔭《かげ》膳《ぜん》が用意された。

年中行事の中では正月、上巳《じようし》（三月三日）、端午（五月五日）、七夕（七月七日）、重陽《ちようよう》（九月九日）を五節句といい、殿様の在府のときは登城するきまりであった。

五節句の服装は、老中より側女中まで冬は黒色、夏は黄色、籏《はた》奉行から町奉行までは冬は草色、夏は水色、御使番より大小姓、御知行、御馬回り以下の侍までは夏冬とも花色などと制服のように決められていた。また、年始は老中より側女中まで熨斗目長袴《のしめながばかま》と、二日以降の服装も決まっていた。奥様と老女、中老の髪形は長かもじ、御側は中かもじ、御次は志さげであった。着物は元日は地黒、二日は地白、三日は地赤であった。

江戸屋敷の元日の様子について、天保六年（一八三五）の場合を少し詳しくみてみよう。奥様は、朝まず若水と乳香水を召しあがる。若水とはその年最初に汲んだ水で、邪気をはらうとして用いる風習があり、乳香水は樹液のよい香りのする飲みものであった。そして、正装し家老とともに表へ御具足拝見に入る。

その後大福茶《おおぶくちゃ》を上り、お臓煮（御雑煮）御祝御膳を祝い、殿様、奥様より御祝儀の挨拶がある。そして親戚各位へ新年の挨拶に側女中を遣わす。下屋敷でも年始は同様に行う。

お年玉にも時代の移り変わりがみられる。享和年間（一八〇一～〇四）には干鯛《ひだい》、鉢植え、びいどろこっぷ、煙草入れ、雁皮紙《がんぴし》、口紅、錦絵などのほか、若殿様や姫様には双六、羽子板、絵草紙などが贈られている。なかでも文化年間（一八〇四～一八）ごろまでは干鯛のやりとりが多い。初夢を見ると縁起がよいとされる一富士二鷹三茄子《なすび》の菓子もみられる。天保五年（一八三四）正月には、隠居した大殿様へ春画数々というのもある。そのとき雍通《てるみち》公五十八歳である。春画は天明末ごろから流行しはじめ、武家にもその風潮が及んでいたらしい。袋入りの屠蘇《とそ》も年玉としてよく用いられた。

一月二日は初事《しょじ》を行う。殿様の在府年では登城日である。この日掃き初め、乗り初め、書き初め、買い初め、裁《た》ち初めなどを行う。買い初めとは、一月二日または三日に御用達商人がその年はじめて商品を買っていただく規式である。したがって商人からみれば売り初めである。買い初めの品としては、いな（ぼらの幼魚）、さざえ、ほうぼう（魚）、芹《せり》、かぶ、人参、麩、昆布、麻苧《まちょ》などで年によって多少異なる。この行事は宮中の規式を記した『御定式御用品雛形』にもありそれを倣ったものらしいが、商品の内容は数の子、鰯《いわし》、わけぎなど九品である。稲葉家の場合は商人が品物を納めた後は、お屋敷から祝儀の鳥目《ぞ》が渡され、数の子、お酒が振る舞われている。買い初めは、江戸では役所にのみ記録されていて、上屋敷で行われていたらしい。このことから、物品の手配や納入などは役所が取り仕切っていたと考えられる。臼杵城では明治二年（一八六九）まで行われている。

また一月二日には宝船の絵が惣女中はじめ御附にまで配られた。弘化三年（一八四六）には二〇枚を配ったとある。江戸時代には一月二日の夜、宝船の絵を枕に敷いて寝ると吉夢を見ると言い伝えられていたのである。町では宝船の絵を売り歩く人もいた。

正月三日、五日はそれぞれ祝儀日である。弘化三年役所の記録には、三日にお客様のためにすしを注文している。五日には琴の弾き初めをし、お料理を出している。

七日は七草（七種）の祝儀《しゅうぎ》で、殿様の登城日である。若菜の祝儀とも記されている。お粥《かゆ》または臓煮が表の御膳所より出されている。全国各地の風俗について調査した『諸国風俗問状答』によれば、七種を祝う風習は文化末年（一八一七）ごろにはほぼ全国的に行われていた。ただし、一月七日といえば現在の二月初めのことで、七種類の菜を揃えることはむずかしく、大根、かぶなど二、三種類を用いていたらしい。

一月十一日は鏡開きである。御居餅《おすわりもち》を下げ、夕御膳にお臓煮としている。時代が下って天保ごろからはお汁粉となった。かなり多数の御居餅を飾っているので、下げた餅は家臣へ配られた。また、弘化ごろになるとすしを注文したりしている。

一月十四日の夜にはとんど焼きが行われた。稲葉家の場合、この行事がみられるのは天保五年（一八三四）幾通《ちかみち》の上屋敷からである。そしてとんどの火で焼いた餅を食べ、無病息災を願った。

一月十五日は上元である。江戸末期には小正月といわれるようになっていた。表より小豆粥《あずきがゆ》が出され、引き続いてお祝い料理となる。この日、とんど焼きの餅を一同に配っている。『東都遊覧年中行事』（一八五一年）には「貴賤とも今朝小豆粥を祝う」とあり、稲葉家でも文政ごろまでの記録はお粥、天保ごろから小豆粥と書かれている。

年越し、節分は江戸時代には疫病よけの願いをこめ寺社へお参りをする風習があった。亀戸天神宮や下谷《したや》五条天神、雑司ヶ谷鬼子母神堂などの追儺《ついな》、浅草寺の節分会《え》は格別賑わっていた。江戸では、大晦日と正月六日の年越し、十四日の年越しが行われていたが、京都、大坂では年一回立春の前夜に節分を行った。各家々の戸口には鰯《いわし》の頭を柊《ひいらぎ》にさし、豆まきをして疫病神を退散させたのである。稲葉家では天保九年（一八三八）役所の記録に節分鰯が五〇匹用意され、それぞれの屋敷の部屋ごとにさしたとある。また「鬼は外、福は内」の湯呑みを贈られたという記録もある。

二月の行事

二月最初の午《うま》の日は初午である。臼杵城内には卯寅稲荷《うとのいなり》、臼杵米山屋敷にも稲荷があり現存している。この当時は、武家の屋敷内に稲荷などをまつることが多かった。

稲荷には狐がつきもので、社頭には狐が鎮座している。稲荷と狐の結びつきは、祭神とされる宇賀御魂 命《うかのみたまのみこと》の別称の御饌津神《みけつかみ》を三狐神と書き誤ったとか、稲荷の本地荼枳尼天《だきにてん》が狐霊の夜叉《やしゃ》であるとされたこと、狐が稲荷明神の使いと信じられたことなどによるらしい。初午には神酒、いな（ぶりの幼魚）、狐の好物とされる油揚げ、からし和えなどを供えている。お屋敷では表で赤飯、煮染《にしめ》、からし和えの祝膳を囲む。弘化三年（一八四六）、江戸屋敷では初午の前夜すし一鉢一三〇個を注文したが、嘉永三年（一八五〇）臼杵では赤飯を一斗一升作っている。午の日は初午だけでなく二の午、三の午まであった。市中では絵馬や太鼓が売られ、家々は行灯をともし、幟《のぼり》をたてたりして賑わったという。

図8　臼杵米山稲荷

三月の行事

三月三日は五節句のひとつ上巳《じょうし》（雛の節句）である。日記には奥様や姫様の雛節句が記されている。二月末には大工二、三人がきて雛段を立て、側女中は総出で蔵にしまってあった雛人形を出して飾る。このころになると、江戸の町は雛人形や雛菓子売り、白酒売りなどで賑わった。はじめて雛節句を迎える初雛には、祝儀として親戚や家臣などから雛人形一対や貝尽くし一台、白酒一樽などが贈られている。文政以前には干鯛のやりとりも行われていたが、次第に少なくなっている。

雛飾りは年々華美になったためか『御触書宝暦集成』十五に「雛は八寸以下、雛諸道具は蒔絵《まきえ》は不可」などと制限が加えられているが、実際にはお触れの効果はなかったようだ。雛段には菱餅、みりん酒、餅菓子入りの五段重、干菓子などのほか、三月一日からは二汁五菜の御膳が朝夕供えられる。菱餅の大きさは一尺一寸（約三五センチ）もあり、雛段の大きさがしのばれる。また、神前、仏前にも菱餅を三飾り、荒神には白のみの菱餅を供える。雛節句には菓子がたくさん用いられた。女の子の喜ぶものということだったのだろうか。たとえば、有平《あるへい》細工と思われる京都の鉢植え菓子や羊羹《ようかん》、紅白の薄皮饅頭《まんじゆう》、うば玉などである。

雛の飾りつけが一段落した三月一日夕方、御小姓《おこしよう》にまですし、蛤《はまぐり》の吸物、硯蓋《すずりぶた》、鉢肴、大平《おおひら》（煮物）の料理が出される。姫君へは別に刺身が用意された。雛節句の料理としては、すしや蛤の汁、わけぎの酢味噌あえなどが今に伝えられているが、日記にもわけぎとむき身のからしあえとある。弘化三年には蛤が一斗五升も献上された。

　二日から四日にかけて、家老をはじめ側女中、そのこどもたちへ雛拝見が行われた。雛を見にきたこどもたちには一人につき薄皮饅頭四個、饅頭三個ずつを振る舞っている。こどもが饅頭を七つも貰うことができるのは、雛祭りぐらいである。

　文久三年（一八六三）鼓屋敷の上巳の御祝い料理は、殿様などには御祝い料理、男子の家臣には酒、吸物、肴を、側女中には肴だけとある。小さな女の子がいなかったためか、行事がかなり簡略化されている。雛をしまうのは六日。その日には蕎麦《そば》を供える風習があり、片付けが終わった後、蕎麦が振る舞われている。現在でも老舗《しにせ》の人形店では雛飾りを購入した人に蕎麦を添えるという。雛節句は江戸も臼杵もほぼ同様に行われている。

　雛節句などの祝儀は、稲葉家の忌中や病気などはもちろん、将軍家の忌中のときにも延ばして行われた。享和三年（一八〇三）には「御奥忌中ニ付御祝なし」とあって、一〇日遅れの十三日に行われたこともあった。

　春の彼岸の記録は江戸屋敷ではあまりみられない。また、彼岸にぼた餅（おはぎ）を食べる風習は文政ごろの江戸にはなかったとされている。しかし、文政七年（一八二四）の臼杵の日記には彼岸におはぎが作られている。

四月の行事

稲葉家では参勤交代の時期が四月であった。その日には、臼杵・江戸とも発駕、御着の規式が盛大に行われる。江戸を出発する際には、あらかじめ江戸城へ挨拶にあがった。発駕の二、三日前、餞別として親戚や家臣との品物のやりとりをし、そして餞別の御料理で会食をする。出発当日は朝五時に一同の見送りを受け、お屋敷を出る。発駕の連絡は飛脚によって臼杵へも知らされ、臼杵でも祝いの膳を囲む。江戸へ参府の時は、大井川辺から江戸屋敷へ飛脚で連絡があり、いつごろ着くと知らされる。御着の祝いがあるのは出発と同様で、江戸城へも参府御礼のため登城する。

臼杵藩における参勤の要員は、天保十一年（一八四〇）の場合四七〇人、前年の所要経費は一六一九両、藩の財政の三・二％にも相当し、大きな負担となっていた。参勤交代の制度は文久二年（一八六二）に廃止されるまでは、定められた通りに行われた。

五月の行事

端午の節句といえばちまきと柏餅を連想するが、江戸時代にはその両方が作られることは少なかったようだ。しかし稲葉家の享和元年（一八〇一）には、ちまきと柏餅ともに作られたとある。

五日の端午の節句のために、三日くらい前から夜なべでちまき用の粉を挽《ひ》く。江戸では前日に菓子屋へ注文しておいた柏餅が届く。文化十一年（一八一四）の例では『江戸買物独案内《ひとりあんない》』（一八二四年）にある芝西久保お屋敷近くの壺屋という菓子屋に二〇〇個を注文している。小豆あんと味噌あん半分ずつで、柏餅一個の値段は六文とある。当時の女子の内職の収入は一日二〇〇文程度であったから、庶民はあまり口にできるものではなかった。天保年間（一八三〇〜四四）になると柏餅は手作りされている。そのための砂糖を二斤半（一・五㌔）買ったと役所に記録されている。それで二〇〇個の柏餅を作ったのであるから、ほんのり甘い程度であったと思われる。昭和の初期から第二次大戦後の混乱期には塩味の小豆あんの餅菓子や饅頭があったことを思えば、少しでも砂糖が入っているだけましかもしれない。

屋根には菖蒲《しょうぶ》、よもぎ、茅《かや》をふき、幟《のぼり》をたてる。通りには、菖蒲や茅、飾り刀などを売る人が多くなる。初節句には幟やかぶとを祝うことが多く、稲葉家でも虎太郎（後の十二代尊通《たかみち》）の初節句にかぶとが贈られている。

五日は殿様の登城日であり、朝夕御祝御膳が出され、ちまきが配られる。大殿様、大奥様には五本ずつ、殿様、奥様、姫様にも五本ずつ、神前・仏前・荒神には三本ずつ、御人形にも三本、そして一統へも配られ、殿様、奥様へはお手元用として別に三〇本ずつ配られている。柏餅も配られた。殿様、奥様の御二方へは三〇ずつ、御用達、御医師、家老、御側以下全員が頂戴した。文政三年（一八二〇）「辰次郎様、御しまいの節句」とある。このとき辰次郎五歳で、男の子の節句は五歳までであった。

臼杵では、茶摘みも行われていた。「八十八夜につき茶摘み」とある。煎茶も作られており、お茶は自給自足していたと思われる。

六月の行事

六月一日は氷室《ひむろ》である。氷室とは、冬の氷を貯蔵しておくムロのことで、仁徳天皇のころから貯蔵した氷を禁中へ献上する習慣があったとされている。『増補江戸年中行事』によれば「加州様御屋敷内に氷室の雪あり」とある。雪を固めたものや、富士の氷が運ばれたこともあるらしい。

稲葉家の場合、氷が献上されているのは文政三年（一八二〇）および嘉永三年（一八五〇）のみで、その他は氷にちなむ氷餅（かき餅）を食べている。冷蔵庫のない時代の夏に、氷を献上するのは大変なことであったため、一般には氷餅であった。

臼杵では初夏六月と秋十月の二回、祇園祭りが行われた。祭りの賑わいを若殿様や姫君がやぐらから見物されたりした。またこの日、祝いとして赤飯が一斗作られ一同に配られた。臼杵の郷土料理黄飯のこともあった。

六月十六日は嘉祥《かじょう》である。嘉祥とは、徳川幕府が制度化した行事のひとつである。京都

表6　臼杵藩における嘉祥の実施状況

年	西暦	有無	年	西暦	有無	年	西暦	有無
延宝3年	1675	初	寛政10年	1798	○	天保2年	1831	×
天和3年	1683	○	寛政11年	1799	○	天保3年	1832	○
貞享4年	1687	○	寛政12年	1800	○	天保4年	1833	×
元禄4年	1691	○	享和元年	1801	○	天保5年	1834	○
延享5年	1748	○	享和2年	1802	○	天保6年	1835	×
明和7年	1770	○	享和3年	1803	×	天保7年	1836	○
明和8年	1771	×	文化元年	1804	○	天保8年	1837	×
明和9年	1772	○	文化2年	1805	×	天保9年	1838	○
安永2年	1773	×	文化3年	1806	×	天保10年	1839	×
安永3年	1774	○	文化4年	1807	×	天保11年	1840	○
安永4年	1775	×	文化5年	1808	○	天保12年	1841	×
安永5年	1776	○	文化6年	1809	×	天保13年	1842	○
安永6年	1777	×	文化7年	1810	○	天保14年	1843	×
安永7年	1778	○	文化8年	1811	冊子ナシ	弘化元年	1844	×
安永8年	1779	×	文化9年	1812	○	弘化2年	1845	×
安永9年	1780	○	文化10年	1813	×	弘化3年	1846	○
天明元年	1781	×	文化11年	1814	○	弘化4年	1847	○
天明2年	1782	○	文化12年	1815	×	嘉永元年	1848	○
天明3年	1783	×	文化13年	1816	○	嘉永2年	1849	○
天明4年	1784	○	文化14年	1817	×	嘉永3年	1850	○
天明5年	1785	×	文政元年	1818	○	嘉永4年	1851	○
天明6年	1786	○	文政2年	1819	○	嘉永5年	1852	○
天明7年	1787	×	文政3年	1820	○	嘉永6年	1853	○
天明8年	1788	○	文政4年	1821	×	安政元年	1854	○
寛政元年	1789	×	文政5年	1822	×	安政2年	1855	○
寛政2年	1790	○	文政6年	1823	×	安政3年	1856	○
寛政3年	1791	×	文政7年	1824	×	安政4年	1857	×
寛政4年	1792	○	文政8年	1825	×	安政5年	1858	○
寛政5年	1793	○	文政9年	1826	×	安政6年	1859	○
寛政6年	1794	○	文政10年	1827	×	万延元年	1860	登城ナシ
寛政7年	1795	○	文政11年	1828	×	文久元年	1861	×
寛政8年	1796	○	文政12年	1829	×	文久2年	1862	以後中止
寛政9年	1797	○	天保元年	1830	×			

注　○＝実施アリ，×＝実施ナシ．『臼杵藩御会所日記』『稲葉家譜』より作成．

では後嵯峨天皇の在位中から行われていたとされるが、江戸時代の嘉祥は藩主が登城して菓子を賜る行事となった。幕府の嘉祥の儀式は、幕府御用達菓子司であった大久保主水《もんど》の『嘉定私記』（一八〇九年）に詳しい。それには、元亀三年（一五七二）三方原《みかたがはら》の合戦の時、羽入八幡において祈願のため嘉定銭の裏に十六を鋳付けたとか、大久保主水の祖先大久保藤五郎が六種の菓子を奉納、軍勢へも菓子を与え勝利に導いたという古事に由来するとされている。菓子の種類は饅頭、羊羹、鶉焼、寄水《よりみつ》、きんとん、あこや、しんこ、いただき、白団子、平麩、熨斗《のし》など一六一二膳、麩と熨斗を除く菓子総数は一万四四八四が用いられている。ほぼ同じころの文化十二年（一八一五）、名古屋の『菓子商桔梗屋記録』にも「嘉定御用御注文写」として丸羊羹、きんとん、鶉焼、寄水、梅花餅、桜餅、鐙餅《よろいもち》など七〇〇〇近い菓子の注文を桔梗屋《ききょうや》、鶴屋、両口屋の三軒で納めている。尾張は御三家でもあり、江戸ほどの規模ではないけれども大量の菓子が用意された。

臼杵藩においても登城して菓子を頂戴しているが、『臼杵時代考』によれば延宝三年（一六七五）に始まっており、また歴代藩主においては藩主となってはじめて江戸城で嘉祥菓子を頂戴した記録が『稲葉家譜』に記されている。城下では、『御会所日記』（延宝二〜明治五年）の天和三年（一六八三）以降、臼杵城で毎年八月一日に家老をはじめ御番頭、御用人、御側、御家中、侍中、御医師、庄屋とその息子、弁指《べざし》（庄屋の補佐役）諸役人など家臣三〇〇人以上に菓子を配ったとあって、嘉祥の規式は幕府を頂点として全国的に行われていたらしい。大坂から臼杵へ菓子が運ばれたこともある。臼杵藩江戸屋敷の弘化三年（一八四六）の記録には、この日ぎゅうひ二〇〇文が用意された。

なぜ、大量の菓子を賜る行事を制度化したのかについて確定的なことはいえないが、為政者は御用達としての役割を大きくしたのではなかろうか。しかし、嘉祥の行事が行われたことによって、わが国の菓子が飛躍的に発展したのは間違いない。幕府主導で行われた嘉祥は、文久二年（一八六二）の大変革によって中止された行事である。このように嘉祥と和菓子のかかわりは深く、現在では和菓子の日として昔をしのぶ日となっている。

土用とは小暑から立秋までのもっとも暑い時期をいい、土用の入りには暑気あたりをさけ、元気をつける意味でにんにくやうなぎを食べる風習が伝えられている。稲葉家でも、この日小豆三粒と生にんにくをこまかく刻んで水で飲んでいたらしいが、この小豆が転じてあんころ餅となり次第にその記録の方が多くなる。また赤かちん（餅）も作られた。赤い色は魔除けになると信じられていた。土用にうなぎを食べたという記録はあまりみられないが、うなぎの蒲焼きは江戸屋敷に多くみられ、江戸では流行の食べ物であった。

図9　虫干し（一陽井素外『絵本世都濃登起』安永甲午年〔1774〕）

暑の間には、暑中見舞いが行われている。暑中見舞いの品としては肴やすし、蕎麦、うどんなどのほか季節の果物として桃、りんご、まくわ瓜などの水菓子類がよく用いられた。弘化以降（一八四四）になると玉子や白砂糖、氷砂糖といったものも増えている。

また六月中ごろから天気のよい日を選んで虫干しが行われる。武具や茶道具、衣服など何日かをかけて行う。虫干しの初日と最終日には茶飯、すし、蕎麦、あんころ餅、果物などが振る舞われている。天保九年（一八三八）には三〇〇個のあんころ餅が注文されたとある。弘化三年（一八四六）の虫干しが終わった日には老女はじめ御末、御内所女中、御附、御手明、小使の計三一人へ鉢肴（芝海老、焼豆腐、里芋）、猪口《ちょく》（おろし大根、魚）、香《こうの》物《もの》、茶飯《ちゃめし》が出された。

七月の行事

七月七日は五節句のひとつ七夕である。三日前から大竹二本、小五本と縄を整え、五色の色紙をひょうたん形、梶葉形、ひな形、短冊に切って竹につけて飾る。当時の風俗絵などをみると家々に七夕飾りを立て賑やかである。七夕は、牽《けん》牛《ぎゅう》と織姫の二星が天《あま》の河の辺にあらわれ、烏鵲《うじゃく》（かささぎ）が翼をならべて天の河の橋とし、二星が相会うという中国の古事に由来するものである。供物には、ほおずき、五色の糸、西瓜、瓜、素麺、桔梗や女郎花《おみなえし》などの花、神酒、御居餅などを飾り、朝夕御祝御膳で祝う。五色の糸を飾る風習は一九〇〇年ごろまで中国でも見られたらしい。

祝儀の品としては文化年間（一八〇四～一八）までは干鯛が用いられたが、次第に少なくなっている。七夕の祝い膳は、文政二年（一八一九）下屋敷では「この節につきお子様ばかり御祝儀あり」と次第に行事が簡略になっていく様子が記されている。七夕につきものの素麺は、現在でも各地にその名残がみられるが、嘉永六年（一八五三）誠感院（幾通室）屋敷では、大分の郷土料理のひとつ鯛めんが出されている。鯛めんとは、一匹丸ごと煮た鯛のまわりに素麺またはうどんをあしらい、鯛の身をむしりながら麺を食べるのである。よい鯛のとれる瀬戸内海地方の名物料理である。

七月十三日からは盆の行事が始まる。仏前には迎える仏様の数だけの御膳を一日三度供える。通例は一二膳程度である。仏間の脇には精霊棚《しょうりょうだな》を建てる。精霊棚は、幅一尺五寸（約五〇センチ）、横二尺五寸（約八〇センチ）、高さ三寸五分（約一五センチ）ほどの大きさに、真菰のござを敷き、まわりに杉垣をめぐらしていた。飾り物は、提灯、太白丼鉢、太白茶碗、太白花瓶、白香呂、片木、蓮葉、長ささげ、茄子、芋がら、沈香、白瓜、大長茄子、中菓子、線香、切ぼうるなどであった。初盆の場合は、特別に上菓子や切子《きりこ》（ガラス）の灯籠《とうろう》などが供えられた。江戸屋敷においても、切子灯籠、白線香、五種香、瓜、桃、西瓜、柿、くるみなどが盆用品として整えられている。夕方には迎え火をたいて、先祖の霊を迎える。そして、盆の間は霊前に団子を作って供える。

臼杵においても江戸屋敷においても、菩提寺への参詣は欠かせない。臼杵では殿様が月桂寺、高見寺、法音寺へお参りされたこともあり、江戸では東禅寺、泉岳寺、祥雲寺などへ参詣または代参させた。弘化三年江戸の例では、東禅寺へ代参、丸山かるやき一折と二朱を、廟には女郎花と桔梗を供えたとある。お屋敷内の仏前には腰高饅頭、金平糖、赤吹寄、うぐいす餅、青みどり、饅頭の六種の菓子、翌十五日には供物を取り換え、緋扇《ひおうぎ》、小薄皮、みどり、椿餅、松風、から松の六種の菓子が供えられた。

十五日夜には送り火をたき、精霊流しをする。臼杵の場合は州崎より流している。城下では十三日から十六日まで盆踊りも行われた。

七月十五日は、中元と生身玉《いきみたま》（生身魂）でもある。中元は上元や下元に対する節日であるが、現在では中元に贈答品を贈る風習だけが残っている。天保ごろまでは七月十一～十三日ごろにお仕着せ（現在の賞与）として側女中へ反物を配っていた。しかし、文久二年（一八六二）には反物料とあり、次第に金子に代わっている。

中元は蓮飯・刺鯖で祝う。蓮飯は、蓮の葉にこわ飯を包むものと蓮の若葉を飯に刻みこんだものとがあった。刺鯖は鯖の干物で、江戸時代には能登のものが知られていた。刺鯖は側女中たちにも配られた。

生身玉とは、現存する父母に対して贈物をする習慣のことで、多くは生肴が贈られた。文化十一年（一八一四）の例では殿様・奥様より大殿様・大奥様へ、豊姫様・若殿様より殿様・奥様へといった具合である。臼杵では、生鯉がよく使われている。この行事は、盆に死者の霊魂がくるのに対して行われたもので、生き盆ともいわれたりした。『諸国風俗問状答』によれば庶民の間でもかなり定着していて、刺鯖を贈りあった。

八月の行事

八月一日は八朔《はっさく》である。慶長八年（一六〇三）徳川家康が江戸に入った日として幕府の重要な行事であった。大名たちの江戸城への登城の身支度は白装束と定められ、このしきたりは遊里吉原のおいらんにまで及んでいた。稲葉家の八朔は、文化末年ごろまでは干鯛を贈り、御祝御膳を用意しているが、その後まず干鯛が省略され、さらに幕府の権力の衰退とともに他の行事に比べて早く八朔の行事は消えていった。

八月十五日は月見である。月見は天候に左右されるけれども、ほとんど八月十五日に行われている。したがって月の見えない月見もあったと思われる。月への供物はいいしい(団子)、里芋、枝豆、柿、栗などであった。弘化三年（一八四六）には月見のために家臣が蛤を一斗五升献上している。夜は祝宴が開かれ、家臣へも酒、肴が振る舞われた。月見の宴は何度もたのしんだものか表と奥で別の日に行っている。また九月にも後の月見が行われた。

九月の行事

九月九日は五節句のひとつ重陽《ちょうよう》の節句である。ちょうど菊の盛りであるところから、菊の節句ともいわれる。干鯛が贈られ、赤飯や祝いの餅を作る。赤飯は、神前、仏前、荒神、厨子、おぼこ様など二〇ヵ所へ供えられている。御祝御膳は菊のしや菊花酒が添えられた。

菊花酒には二通りあって、ひとつは酒に黄菊の花を浮かべたもので肥後名産、他のひとつは加賀の菊潭《きくかわ》水で醸造した加賀名物の酒である。菊潭水は、川辺に菊が多く菊の花を摘んでこの川水に入れて煮汁とし酒造りに使うとされている。重陽のお祝料理には栗ごはんやむかご飯も作られた。

九月十三日は後の月見である。一回だけの月見を片見月として嫌い、二回行う風習であった。そこで、八月十五日を十五夜、九月十三日を十三夜といったりもする。供物は、九月の季節のものとして、栗や柿が用いられる。祝宴も八月と同様に開かれるが、後の月見に、銘々盆に団子一五、きぬかつぎ二、枝豆少々、栗二、柿二が出されたとある。臼杵における嘉永二年（一八四九）の月見の宴には、御用達二人、御医師三人をはじめ側女中、表の御小姓以下計六一人が招かれたこともあるが、幕末になると二、三十人ほどとなっている。臼杵では郷土料理の埋飯《うずみめし》も振る舞われたりした。

十月の行事

十月初旬の亥の日は玄猪《げんちょ》である。地方によっては昭和の中ごろまで亥の子《いこ》として行われていた。江戸時代には諸大名が暮れ六つ前（午後六時）登城するため、江戸城大手門や桜田門にはかがり火をたいたという。御城では玄猪の祝餅を頂戴する。この時の餅は五色で、猪の爪をかたどり先がとがったような形をしていた。それより古くは卵形で、これを鳥の子餅といっていた。稲葉家ではこの日、つきたての餅を一同に配った。

猪は鎮火の神である愛宕神社の使いとされるので、亥《い》の日に火を使う炬燵《こたつ》の火を入れる風習もあった。この日茶人は炉びらき、各家では炬燵びらきをしたり火鉢に火を入れはじめた。お屋敷では寝所に炬燵があった。当時の炬燵は炭火を入れていたので、火の用心を願って、炬燵びらきの日には神前、仏前に御神酒《おみき》とするめを供えている。

日記には、文政中ごろまで干鯛と紅白の祝いの餅を神前、荒神、這子《はうこ》に供えているが、仏前の餅は白のみであった。江戸末期になると鳥の子餅が多くなり、明治二年には一六六個のあんころ餅が作られている。

十一月の行事

冬至は十一月初旬から中旬である。昼のもっとも短い日であり、この日を節日としていた。現在では小豆粥やかぼちゃを食べ、ゆず湯に入るなどが知られている。稲葉家では冬至の記録は少ないが、文化十一年（一八一四）に「冬至につき御臓煮」とあるのをはじめとして弘化年間ころからお汁粉が多くなる。

寒入りは一年中でもっとも寒い時期に入る。この日には、生揚げとあんころ餅を食べている。また、文政十年（一八二七）の例では「今晩、亥の刻寒入りにつき御惣客様へ赤の餅被下《くださる》」とある。赤い餅のこともあったらしい。臼杵では埋豆腐《うずみどうふ》、汁粉、おはぎなどが用意されている。埋豆腐は埋飯ともいわれ臼杵の郷土料理のひとつである。明治ごろまで十二月二十八日の誓文払《せいもんばら》いの日に食べる習慣であったというが、今はほとんど行われていない。また、寒中見舞として季節の品や珍しいものを贈りあったりした。たとえば鴨・雁・雉子・鶴などの鳥類、肴や赤貝、貝柱、蠣《かき》、玉子、みかん、甘酒、菓子では最中やかすていら、らくがんなどがある。干海苔を贈るのもこのころからららしい。

十二月の行事

十二月は新年を迎える準備が始まる。まず、一年の汚れを落とすための煤《すす》払いが行われる。街角ではすす竹やほうきを売り歩く人をみかけるようになる。当時の煮炊きや暖房はくど（竈《かまど》）やいろりなどで、燃料に薪や炭を使っていたため、煤がたくさんついた。お屋敷では部屋ごとに大掃除をし、十一日ごろまでにほぼ終える。そして、奥様はじめ一同に白粥が出される。

十二月十三日には煤の御祝儀が表で行われる。神前には神酒一対を供える。昼前、年男は麻の上下を着て、煤竹を持って居間をはじめ各部屋に入る。その時、御側女中が三方に長熨斗《のし》を持ち、老女が付き添って部屋を案内する。各部屋では、部屋ごとに明方に向かって川の字のように三度掃き出す。これが終わると上下を着用した御用達や御附一同が集まって御祝儀を行う。煤の祝儀には御臓煮、御吸物、数の子、平皿が御膳部より用意される。平日より一菜多い祝いの献立であった。

慶応二年（一八六六）の臼杵における煤の御祝儀の献立は左の通りである。

平皿　田作り　餅
　　　ひらき豆　くしこ
　　　串貝
御吸物　ひれ　御臓煮　結昆布
　　　焼豆腐

御肴　数の子　　　　　　　里芋
　　　三方敷紙　　　　　　大根

この献立からみると、現在の正月料理のようなものである。御臓煮は、今では正月の食べ物であるが、この当時は正月のほか、煤の御祝儀、冬至など、また婚礼や快気祝いなどにも出されるハレの食べ物であった。稲葉家の御臓煮の具は、くしこ、串貝、結昆布、焼豆腐、里芋、大根である。武家における臓煮の形式は決まっていて、尾州家なども同じである。かつお、くし柿、大片長菜などを用いる家もあった。

大掃除が終わると、側女中たちのみつかんまき（みかんまき）を行う。明治元年（一八六八）のみつかんまき（投みかんとも）の記録には、みかんが五〇〇〇個用意され、うち二〇〇〇は手元へ、残り三〇〇〇がみかんまきに使われている。三の間に、御膳所をはじめ下働きまで一同が集まりみかんを投げ合ったようだ。現在の忘年会にでも相当するストレス解消法のように思える。みかんまきが初見されるのは、文政七年（一八二四）臼杵においてである。臼杵は、津久見というみかんの産地を控えていたこともあり、みかんが豊富で、この行事は臼杵から行われはじめたのかもしれない。明治二年（一八六九）まで行われているが、その後にはみられなくなる。

餅つきは、十二月二十一日から二十三日までの間に行っている。餅つきは臼杵城と江戸屋敷では異なり、臼杵では城内で餅つきをするが、江戸屋敷の場合は賃餅で、文化十一年（一八一四）には「例年の通り壺屋に申し付け」とある。この手配は役所が行っている。臼杵城の餅つきをみよう。朝、寅《とら》の刻（午前三〜五時）御賄人三人と御蛸《おたこ》、小使が来て、釜を炊きはじめる。準備をする人たちへ食事や酒肴が用意される。もっとも、このときの酒の肴は漬物や干物であった。慶応二年（一八六六）の例では、殿様、奥様用として餅米を一石、粟を六升、ほかに八升の餅米を御側女中用に用意している。大量の餅が必要なのは、大きな鏡餅をいくつも作ったことと、側女中用の餅も含まれていたためである。また、鏡餅を贈りあう風習もあった。御鏡餅は紅白であった。御身尺《おんみしゃく》御鏡餅は殿様用、奥様用、姫様用などと個々に作られ、もっとも大きいのは殿様の母親にあたる人のもので直径一尺（約三〇チセン）もある。紅白の御居餅は、上赤、下白でこれは宮中の年中行事を記した『御定式御用品雛形』や幕府の御用菓子司の記録『江戸菓子文様』にみられる江戸城の正月飾りとほぼ同じである。

『御定式御用品雛形』に記されている行事は「御朝物」「菱葩餅《ひしはなびら》」「御買初」「三月九月節句」「端午節句」「中元刺鯖・蓮飯」「八朔」「玄猪」であり、稲葉家で行われていないものは「お朝物」と「菱葩餅」の二つのみで、他はほぼ同様に行われており、したがって武家の年中行事は宮中を規範として行われたと思われる。

お供え餅はほかにも、神前には一〇チセンほどの紅白の餅を五重、厨子には同一重《かさね》、土蔵二ヵ所には二重、庭の井戸に一重、御湯殿（風呂）と雪隠《せっちん》（便所）に一重、お茶の間、新間の雪隠、御膳所の井戸、荒神、八天狗、役所、居間の雪隠など一七ヵ所へそれぞれ一重飾った。仏前用は白のみであった。江戸屋敷の場合も、鏡餅、菱餅など臼杵とまったく同様に作られている。鏡餅のほかには菱餅、つくり餅、のし餅、なまこ餅、かき餅用などであった。菱餅は三月だけでなく正月にも作られた。粟餅も作られた。つきたての温餅《ぬくもち》はその日のうちに少しずつ一同に配られる。江戸屋敷では、殿様が参勤交代で留守の年の御身尺御鏡餅は奥に飾られている。

餅つきを終えると、障子やふすまの張り替えをする。そのための職人が来る。稽古納めも年末の行事で、記録から三味線や琴、謡などを習っていたらしい。

十二月二十八日には歳暮の祝儀が行われる。歳暮としては享和元年（一八〇一）には干鯛と御居餅の取り交わしがなされている。身支度は五節句どおりであった。側女中に対しては御仕着《おしきせ》が殿様、奥様、姫君などそれぞれから渡される。享和元年の例を表3（二七頁）に示す。金一〇〇疋（銀一分＝一〇〇〇文）でどの程度のものが買えたのだろうか。米にすると約一斗八升余にあたり、現在では二六キログラム余である。また、旅をすると一日二〇疋程度必要であったから、五日分となる。享和元年以前には、御姫様からはお酒を下されていたが、享和元年より金子を目録で渡すようになったとある。次第に簡略化されていったらしい。

また、親戚同士歳暮のやりとりをした。文化年間（一八〇四〜一八）の歳暮には干鯛やお鏡餅が多かったが、天保ごろになると鮭や仕出しの膳などもみられるようになる。また、年末には毎年のようにごぼうが贈られているが、この風習は豊臣秀吉が正月に献上を命じたことに由来するのかもしれない。

大晦日には年越祝儀（歳末祝儀）が行われる。一同が集まり、神前には神酒を供える。この日、御膳所、御居間をはじめ各所に年男が注連縄《しめなわ》をする。お風呂には長注連縄、湯桶にも注連縄をし、御鏡餅を飾る。鏡餅は台にのせ、伊勢海老などを飾る。神前、仏前の御鏡餅はうら白、ゆずり葉を添え、雪隠（便所）にはお鏡餅のほかに折敷に田作りを添える。表《おもて》には蓬萊飾りをする。

全員へは御臓煮用の箸、元旦用の大福や乳香水、三日分の神酒や屠蘇《とそ》用のみりんを整える。そして、いよいよその年の最後の夜の年越し祝いをする。おせちのお重、夜食用には酒と数の子が出される。御重は四段で、一の段さざえ、二の段数の子、三の段煮豆、四の段たたき牛房、そしていよいよ新年を迎える準備が整い御用達、老女、年男、役所の面々へ吸物、酒、数の子が振る舞われる。年越し蕎麦として十六せいろうを取り寄せたりもした。

江戸屋敷の人生儀礼

家督相続

武家にとっての一大事は、何といっても家督相続である。とくに、藩主の急病などの場合は予期しないことゆえ大変であった。稲葉家の場合、第十一代雍通《てるみち》公が文政三年（一八二〇）四十四歳で二十歳の尊通《たかみち》に家督をゆずった。しかし、尊通はもともと身体が弱く、九歳のときに決めていた伊予吉田城主伊達宮内少輔村芳の三女千万子との婚約を、文政四年二十一歳のとき破棄したほどである。臼杵に帰国していた尊通は、八月初旬よりたびたび熱を出し、看病や祈禱もむなしく同月十五日に亡くなった。そこで、急遽《きゅうきょ》弟の辰次郎を仮養子として幕府へ届け出るため、家老が江戸へのぼった。十一月三日この願いが認められ、十二月二十七日に第十三代幾通《ちかみち》が誕生したのである。幾通七歳のことであった。

十四代観通《あきみち》の場合は、さらに大変であった。十三代幾通は、天保七年（一八三六）二十二歳で中津城主奥平大膳太夫の六女鈼子《さくこ》姫と結婚したが、正室との間にはこどもがなく、側室が生んだ一男一女も夭折していた。そこへまた幾通の病気である。弘化元年（一八四四）五月八日、臼杵への書状に「殿様は去る二月中旬より御持病の癪気が重なり、胸病もあって参勤御延引の届けを出した」と療養願いを出した旨の連絡があった。となると跡目を考えなくてはならない。一年前の六月、このような事態を考慮してか実の甥冨太郎を仮養子にとの願いが出されていた。六歳の冨太郎は急遽江戸へ発った。そして、幾通が亡くなって一週間後には「急養子願」を出し、それが認められている。家督の願いは、幕府に提出される。そのとき公方様（将軍）へ図10のように目録が渡される。

このように、十一代雍通は藩主を次々に失い、幼い藩主の後見人として院政をひかざるを得なかったのである。隠居した雍通は文政三年（一八二〇）五月六日十二代尊通に家督をゆずった後、七月には剃髪《ていはつ》して伊賀入道と称していた。

家督相続後、新藩主のはじめての御目見《おめみえ》は、新藩主の披露であるから重要な儀式であった。お披露目は江戸と臼杵の両方で行われた。文政四年と思われる雍通隠居、尊通家督を披露する江戸における祝儀の例をみよう（『稲葉家文書』十二）。

それは、まず近親の大名への披露を行う。招待されたのは、仙石美濃守、毛利甲斐守、秋月佐渡守、相良近江守、六郷阿波守、細川釆女正、田村右京太夫、南部左衛門尉、池田山城守、土方大和守および取持六人、絵師は狩野探信と狩野探玄の二人であった。表書院にお客を通し、二汁五菜引而《ひきて》御夜食のお料理が出された。そのときの献立を記す。

御献立

御長熨斗　三方敷紙

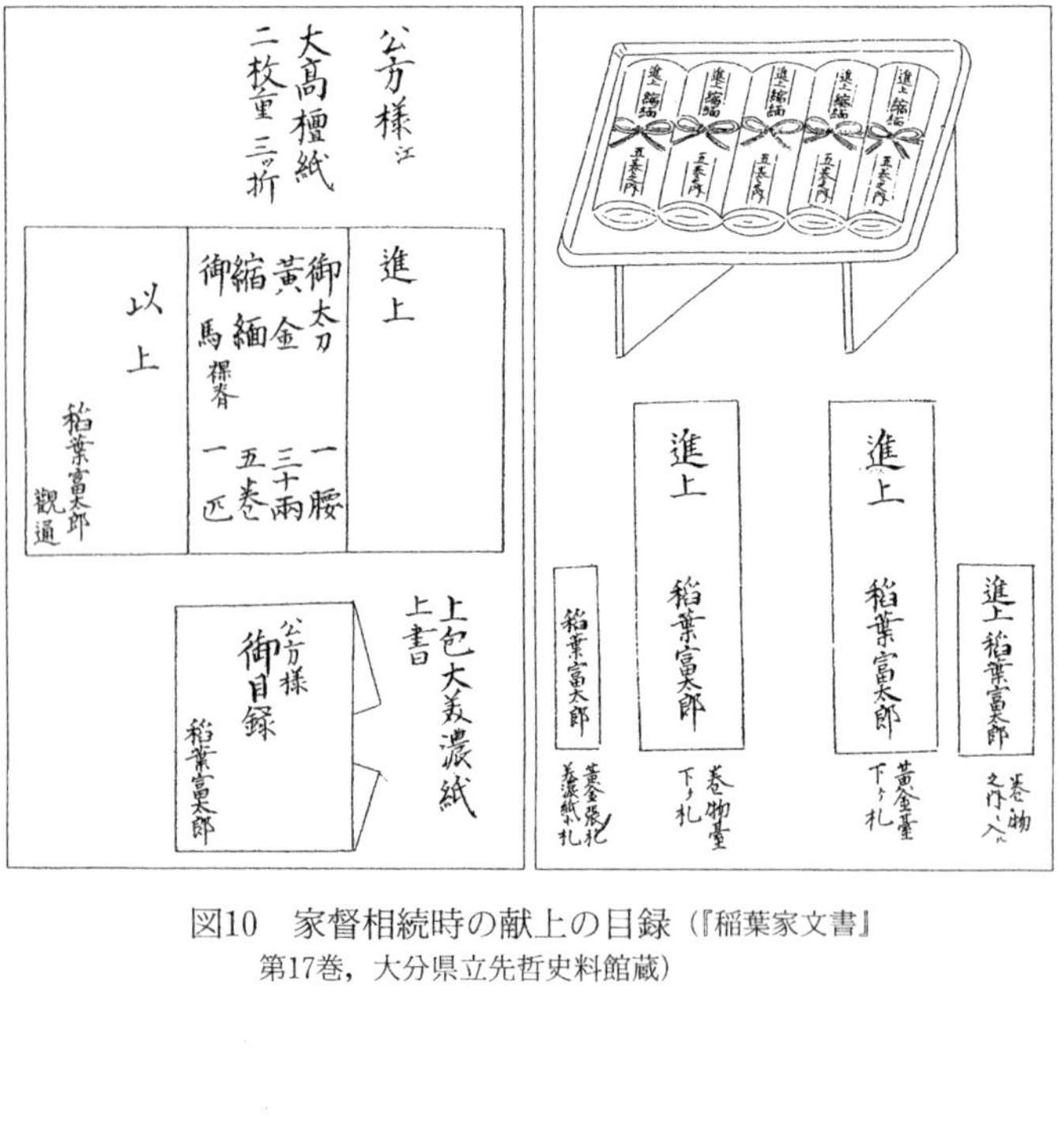

図10　家督相続時の献上の目録（『稲葉家文書』第17巻，大分県立先哲史料館蔵）

御本膳

鱠《なます》　鯛《たい》薄作り　御汁　青鷺《あおさぎ》

　細魚《さより》　　小つみ入

　栗生姜《しょうが》　　牛房《ごぼう》

　たで　　茄子《なす》

　金かん　　貝割菜

　香物《こうのもの》　奈良漬瓜

　　蕪《かぶ》千枚漬

　　塩山椒《しおざんしょう》

坪皿　丸串子　御飯

　和らか麩

　もやし豆

二

平皿　さらさ半弁《はんぺん》

　巻すずき　御汁　背切鯛

冬瓜《とうがん》　柚《ゆず》
わさび
大猪口《ちょく》　梅か香
枝くるみ
御脇引
改敷《かいしき》　南天
熊笹　鯛切み
長皿　鯉糸作り
きんし岩茸《いわたけ》
置はす
防風
猪口　煎酒《いりざけ》
引而
向詰　小鯛かけ塩
台引　大かまぼこ

御肴

魚田　杉串《すぎくし》

御吸物　手長海老

しそ穂

御湯

御水

御茶菓子　養生餅

片《へ》木《ぎ》桃《もも》

川茸《かわたけ》

御後菓子　翁糖

かすていら

霜紅梅

巻せんべい

青柳みどり

御間

煮染　つと半ぺん
長芋
かんぴょう
花丸瓜
守口大根
御椀盛　八重成かん
紅うば玉
猪口　氷おろし
御盛替　御重
御吸物　火取小鯛
柚
御硯蓋　車海老
巻目
山吹小串
煎《いり》赤貝

　　　　椎茸
　　　　ふのゆかん
　　　　びわ
御中皿　一塩に引
　　　　紅のり
　　　　つくばね蓮いも
御茶碗　鶉
　　　　うす蕪《かぶら》
　　　　みょうが
御吸物　洗いきす
　　　　じゅんさい
御鉢肴　すずき塩焼
御吸物　うすこち
　　　　漬松露
　　　　もやしゆで

御鉢肴　ぼら

伊勢海老

くらげ

みつ葉

葉しょうが

猪口　煎酒

坪肴　鮑《あわび》ふくら煮

山椒粉

御夜食

水あえ　かれいの皮付　御汁　黒皮

もみ瓜　とうふ

ゆすら

香物　奈良漬瓜

沢庵漬

平皿　薄身　御飯

塩松茸
薄雪昆布
引而
焼物　大あじ塩ふり焼
御吸物　のし半ぺん
菊菜
猪口　作り身
木くらげ
御中椀　しぼりみ
薄くず
しょうが

献立は規制のとおり二汁五菜であるが、引而《ひきて》、御間の後盛替《もりかえ》、夜食と豪華な内容である。

十二代尊通は文政四年十二月末、江戸において藩主として認められたが、臼杵への知らせは翌年一月であった。臼杵藩の『御会所日記』には暮れから知らせを待ち望んでいた様子が記されている。臼杵城の御内所で行われた内々の隠居家督祝儀は江戸よりの知らせを待って閏《うるう》一月一日に行われた。このとき、当事者たる大殿様と殿様はまだ帰国しておらず、祝いの陰膳《かげぜん》が据えられた。内々の祝宴といっても老中、番頭、御用人、御側のほか御医師および十五歳以上の嫡子が麻の上下《かみしも》を着て大書院に並んだ。初座には一五四人、後座一四七人に吸物、酒、肴が出されている。さらに三日には中小姓以下三八七人へ鯛ひれの吸物と酒、足軽以下へ三七二人へむしり肴と酒、五日にはそれ以外の者二三六人へむしり肴と酒、町人・庄屋二一一人へはするめ、町年寄・年寄一三四人へは鯛ひれの吸物と肴一種、計一六四一人への振る舞いであった。臼杵における祝儀は、多くの家臣には吸物と酒、肴と簡単なものであるが、何しろ人数が多かったので大変なことだったろう。

病弱であった尊通は、「持病之御癪気御頻発……」と体調を崩し、当初四月一日に帰国の予定が四月二十五日に延ばされている。新藩主は、五月になってはじめてのお国入りをした。そして、七月に改めて殿様の御家督と大殿様の御隠居の祝儀が行われた。お料理は一汁四菜、酒、菓子として饅頭二つずつである。人数は詳しく記されていない。

領民たちの対応はどうだったのだろう。領内の農民および商人一万一八二四人は祝い金を献上し、それに対しては、祝儀として町ごとに酒とするめが下賜されている。

十三代幾通の場合は、文政五年（一八二二）一月に家督相続後、翌年の七月に初入国した。八歳であった。十四代観通の場合は、弘化元年（一八四四）七月家督相続後、八月から九月にかけてお披露目をした。六歳であった。まずは八月十一日に内々の祝儀として御内所での祝い膳の後、大書院で家老・番頭・侍および嫡子、御医師および嫡子、中ノ間では小侍の祝いを受けた。次いで、軍事の儀を伝える式を行う。幕末弘化元年ごろでも、出陣のための儀式がなされていた。また、会所では殿様の武運長久を祈って神楽が舞われた。祝いの品としては一同に干鯛が贈られ、返礼も同様であった。御祝いの御料理は一汁四菜香物共吸物御酒、御肴二種御菓子で、尊通の場合と同様である。祝いの料理が一汁四菜であるのは、天保六年（一八三五）の書付（お触れ）に定められた通りである。翌十二日は、領内の寺社および大庄屋、町年寄、屋敷の家来などが招待されている。殿様の初入国を待って、改めてお披露目が行われるはずであったが、当分の間江戸にいられることになり、九月九日ようやく公式の家督御祝儀が行われた。その様式、規模などは、前藩主の場合とほぼ同じである。祝い膳は身分によって饗応が異なるのは当然のこととはいえ、上は肴（魚）も形のあるものから下々へはむしり肴であった。出席した人の服装は、麻の上下の着用が定められていたが、足軽以下は一部の者のみであった。

殿様の家督だけでなく、家老の隠居祝いもある。文久三年（一八六三）、家老が隠居し伜が家督を継ぎ加増を仰せ付けられたとき、祝いとして肴が贈られているが、家臣の隠居についての記録は家老どまりである。

結納・婚礼・縁組

婚礼はどのように行われていたのだろう。幾通の場合をみよう。文政十一年（一八二八）、幾通十四歳のときである。一月末、家老が縁談のためお屋敷を訪れ、一ヵ月後には内々に成立している。当人同士はまだ会っていない。結納は天保七年（一八三六）四月九日に殿様が国元より着いた日に行われた。目録は、末広一、餝《かざり》、白織御袷《あわせ》一重、御帯二筋、昆布一折、鯛一折、寿留米《するめ》一折を江戸詰めの家老が嫁方の備中守へ届けている。これが御内婚すなわち結納である。

文化十三年（一八一六）、豊姫（雍通長女）の場合は、二月九日に結納、二週間後の二十五日には婚礼が行われている。このように、結納から婚礼までの期間は短いこともあった。そして、当時の結婚は家老など周囲の者が家格にふさわしい者同士を結び合わせて決められたのである。

婚礼について、嫡子と女子の場合を比較してみよう。まず、嫡子についてである。寛永十一年（一六三四）以降、正妻とこどもは江戸へ住むことを義務づけられていたため、正妻の国元での披露の必要はなく、婚礼は江戸屋敷の表《おもて》のみの記録となる。したがって、奥日記にはその詳細な記録がない。

　十三代幾通の例を、『稲葉家譜』からみよう。幾通は前藩主尊通の弟である。幾通は文政十二年（一八二九）、十五歳のとき中津藩主奥平左衛門尉昌高の六女鈼子《さくこ》と婚約した。鈼子は九歳であった。結婚は天保七年で、婚約の七年後のことである。詳細な記録はないが、このときの奥日記には、側女中の身分によって金五匁、三匁、二匁二分、一匁などが下賜されている。

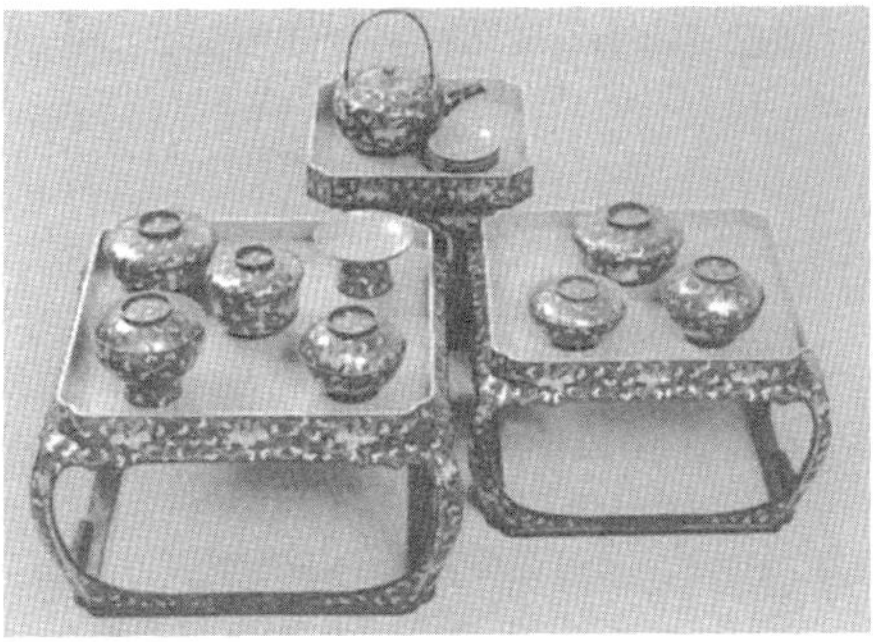

図11　鈼子姫の婚礼道具　本膳一式

　嫡子の婚礼について、一回だけ詳細な記録がある。文久元年（一八六一）、織部殿（のちの十五代久通）と米山屋敷に住んでいた竹子姫の場合で、臼杵において行われた。このとき、織部殿十九歳、竹子姫十八歳であった。縁組は、竹子姫四歳のときに行われている。次の藩主となる人の婚礼でありながら、江戸で行われなかったのは、幕藩体制が崩壊していることを示している。

　二日前のお迎えは、麻の上下《かみしも》を着けた家老四人、駕《か》籠《ご》六人、箱持ち四人、打物持ち一人、傘持ち一人、老女挟箱持ち一人、老女供人一人、女中添人一人、女中物持ち一人、御附草履取り一人など三六人であった。臼杵城と米山屋敷の間は直線でほぼ一キロメートル弱、そのあいだを嫁入りの行列が通った。婚礼当日は祝儀として織部殿へ上下、鯛、塩鯛、竹姫へは反物、鯛、塩鯛が贈られている。これらの進物を持つ人も四人決められた。ちりめんのふとん、かいまきも新しく作られ、長持ちで運ばれた。側女中たちへは、前もって自分たちの衣装を整えるための支度料が渡された。

織部殿、竹子姫、寂照院（雍通妾）は朝八時に登城した。身内一同で祝いの二汁五菜のお膳を囲み、老女はじめ御側頭、御側へは一汁三菜、吸物、酒、酢物、坪皿が出された。御次以下へは坪皿が省かれている。当時の婚礼の祝い膳には、膾煮（雑煮）が出されるしきたりがあった。また、この日もたくさんの鯛や螺鈿《らでん》の箱、香炉などの贈物があった。御附の者たちへは、祝儀の金子を下されている。祝儀は一日中続き、おひらきは夜八時であった。幕末のこの時期には、行事や儀礼がかなり簡素化されているので、もっと以前の記録があればその様子も異なっているのかもしれない。

女子の場合についてみよう。豊姫（雍通第二子長女）は、文化十三年（一八一六）二月九日に結納を済ませた。もっとも、内々の決定は前年のことであった。そして二十五日には婚礼のため引移りをしている。結納から婚礼引移りまでの間は、お見立、餞別、内祝などに追われる。側女中の何人かは、姫君とともに婚家へ引移ることになっていて、婚礼の二日前に側女中だけ先に行っている。結納や婚礼の祝儀には干鯛が贈られた。

雍通の女子のうち、結婚まで生き延びたのは二人だけである。銚姫《かね》（雍通第八子）の場合をみよう。天保四年二月、銚姫十六歳のことであった。一月十五日には「御姫様御婚礼御附、改名仰せ付」とある。嫁ぎ先へついて行く女中に対し、姫君とともに心機一転気分も改めてということだろうか。一月二十日には、御道具を揃えて近所の芝神明と西久保八幡へお参りしている。そして、二十二日には、御道具拝見として嫁入り道具の披露をし、続く二十一日に婚礼引移りとなっている。いずれの女子の場合も、祝宴の記録は嫁ぎ先においてなされるため稲葉家側にはない。

婚礼が済んで翌々日、三つ目の祝いが行われる。里披き《さとびら》（里帰り）である。このとき、皆子餅《みなご》が配られる。また、一ヵ月ほど後、舅《しうと》入りが行われた。銚姫の場合には、幾通を伴って出かけている。雍通には女の子が少なく、銚姫は四十一歳のときのこどもでもあり、ずいぶん可愛がっていて、さぞ気がかりなことだったと思われる。

婚礼以外の縁組も多かった。おイエが大事な時代であったから、跡取りがいないときに養子縁組が行われることは珍しいことではなかった。これとは逆に嫡子として不適当と思われる場合に、養子に出されるということもあった。女子の場合でも、結婚を前に家格を釣り合わせるための養子縁組もよく行われた。

着帯・出産

着帯とは現在では妊娠五ヵ月ごろの戌《いぬ》の日を選んで、安産のために腹帯を巻くことである。文化年間の二例についてみよう。

文化十一年（一八一四）十月末、側女中の留尾（江戸の人）が懐妊した。雍通の四人目のこどもである。殿様から、紅白の岩田帯、赤飯、肴が贈られた。それから約四ヵ月後の三月、無事男子が生まれた。後の十三代幾通である。男子を生むことは、将来殿様になる可能性を秘めているのであるから、正妻は別として母親である人は一大出世となり、住まいも側女中も付く立場に変わる。しかし例外もあって、雍通の第一子を生んだ登世という人の場合は、身分が低かったらしく、しばらくして他家へ嫁がされている。

雍通の第二子豊姫の場合は、母は正室で二月末に着帯し四月初めには出産している。早産とも考えられなくもないが、このように着帯から出産までの間は短いことが多い。ちなみに、雍通には正妻のほかに五人の側室がいて、合計一三人の子と養女一人がいた。しかし、そのうち九人は幼くして亡くなっている。着帯の祝いは、一般に干鯛、赤飯、肴、そして御馳走の入った食籠《じきろう》などを贈ることが多かった。

こどもが産まれるとすぐ、御産髪置の儀式を行う。これは、まだ名前のない御出生様の髪を、麻の上下を着た家老が少しだけ剃るのである。御出生様へは、産衣や干鯛、赤飯などが贈られ、初の対面をする。その後、身内の一同と子安婆（産婆）および乳母へ一汁三菜、赤飯、煮染の御料理が出された。子安婆へは金子も渡されている。側女中のうち御年寄へ赤飯、煮染、吸物、酒、肴、上臈・御次・中居へは赤飯、吸物、酒、御半下・下女へは赤飯、酒、むしり肴というように祝膳の内容も身分によって異なった。家老や御小姓以下城内一同へも祝儀の料理が下されている。家老や御小姓は御年寄と同格であった。

産婦に対する出産の祝いは特徴がある。まず、消化がよく、体力が回復するようにきすの煮物や味噌漬け、ひらめなど白身の魚、てりかか（鰹節をあぶり醬油で照りをつけたもの）、梅かか（梅干しと鰹節を煮たもの）などのほか、長芋の砂糖漬けがよく使われている。天保ごろからは、御膳や菓子も加わった。砂糖一袋というのもある。砂糖は、文政時代（一八一八〜三〇）になって江戸屋敷に時折みられるようになる程度で、武家においてもまだ貴重品であった。

お七夜

生まれて七日目、この日命名がなされる。そして、幕府への届書が提出される。雍通の場合をみると、まず園江という名がつけられ、十四歳で虎次郎と改名、十七歳で雍通と三度名前がかわっている。尊通は初の名を虎太郎、九歳で尊通、幾通は初の名を邦次郎、翌年辰次郎、七歳で幾通となった。このように童名から改名することが多かったが、改名は嫡子のみでなく、病身の場合などに縁起をかついで行われることもあった。

男子のお七夜は女子に比べて大々的に行われる。まず、父親からは腰刀、脇刀および産衣一かさね、干鯛一折、御樽代二〇〇疋が、祖父からも産衣、干鯛、御樽代二〇〇疋贈られる。このようなしきたりは、武家の家格のちがいによる祝い金の差はあるもののほぼ同じように行われた。『甲子夜話《かっしゃわ》』によれば、越州の場合上使だけでなく御三家やその御簾《ごれん》中《じゅう》、松平加州などより鮮鯛も贈られた。これは将軍家の姫君が嫁いだ場合である。鯛を祝儀に用いるのは、公儀で達せられていて、このときに一五〇懸《かけ》荷の鯛が入用であった。しかし、不漁のため三〇懸しか手配できず、鯛の価格が高騰したと記されている。

女子の場合は産衣と干鯛、御樽代だけで刀はない。しかし、次のような例がある。越州の浅姫の安産七夜の祝いとして、上使より浅姫に対し、銀五〇枚、綿五〇把と三種二荷、御出生様へは、御刀備前国忠光、産衣三重、銀五〇枚、二種一荷、松平越州へは、巻物と二二種一荷が贈られている。上使より祝いが届くのは、前と同様に将軍家の姫君の場合である。

宮参り

宮参りは男児では生後三〇日、女児では三三日にはじめて神社に参詣することである。稲葉家では宮参りのことを初詣といった。十二代尊通、十三代幾通の場合をみよう。尊通も幾通も江戸上屋敷で生まれた。宮参りは、出生からおよそ一ヵ月後に行われ、上屋敷の近くの西久保八幡へ参詣している。ただし、どちらの場合も当人は参詣せず家老を名代としている。天明四年（一七八四）、十代弘通の第八子菊寿の場合は、臼杵で生まれ、本人同道で祇園社へ宮参りをしている。供には小侍と側女中である。

宮参りのときの身支度は、五節句に同じく長袴であった。宮参りから帰り、御内所で赤飯、煮しめ、吸物、酒、肴の祝い膳を囲み、周囲の一同へも御料理が振る舞われた。

箸の祝儀

箸の祝儀は、生後一一〇日ごろに行われたので「百十日の祝儀」ともいった。現在ではお箸初めといわれている。この世に生まれて、はじめて箸を使って食事をする儀式である。一一〇日といえば約三ヵ月余であり、まだ大人の食事はできない。箸の祝儀に出される料理は、小さいお膳にこども向きの白身魚などが使われた料理で、それにほんの少し箸をつけるといったものである。この日、周囲の一同が祝うことは他の儀礼と同じである。

誕生祝い

誕生祝いの中でも、初誕生は盛大に行われた。乳児の死亡率の高かった時代であるから、満一歳を迎えられたことはめでたいことであった。嫡子の場合はことさらであった。干鯛や肴、赤飯、食籠などが贈られ、祝いの料理、酒、吸物で祝う。

初誕生につづく誕生祝いはどのように行われたのだろうか。雍通の場合は五月九日、誕生日に在所すし（臼杵のすし）がよく作られている。おそらく、すしの好きな殿様だったと思われる。ところで、臼杵のすしについては記録がなくはっきりしないけれども、一回だけちらしずしとあるのでそうなのかもしれない。その他の人の場合は、祝いの料理と酒、吸物、または酒と吸物だけのことが多い。料理は一汁三菜または二菜のことが多い。

嘉永元年（一八四八）、竹姫の誕生祝いには、御側以下三九人へ赤飯、酒、吸物、肴が出された。赤飯や小豆飯が用意されているのは、文政以降で、弘化三年（一八四六）の竹姫の場合には赤飯一斗五升が錦泉堂へ、また幾通の室、誠感院の嘉永元年の誕生日には赤飯一斗が壺屋へ注文されている。これは四二人へとあるので、一折ずつ配ったのだろう。大殿様はじめ親戚と産母へは七寸（約二〇セン）のお重が届けられた。また、「奥様誕生日につき例年通りうなぎ川へ放つ」ともある。これは、放生会《ほうじょうえ》の思想と同じと思われる。幕末ごろからは誕生祝いも多様になり、膾煮や菓子が加わったり干のりなどが贈られたりしている。

初節句

男児は五月五日の端午の節句、女児は三月三日の雛節句である。はじめての端午の節句には、兜《かぶと》や武者人形など、雛節句には内裏一対などが贈られている。初節句以後は、例年通りの祝儀のみとなる。天保十五年（一八四四）、冨太郎（観通）の端午の節句は「格別の節句につき……」と書かれている。この年、前藩主幾通が病弱のため冨太郎の急養子願いを出しているので、大切な跡継ぎとしてのはじめての節句ということである。大殿様（雍通）はこの日に吸物と酒を用意させた。

髪置・袴着・紐とき

髪置《かみおき》・袴着《はかまぎ》・紐解《ひもとき》（帯とき）は、現在の七五三の前身である。髪置は、幼児が髪を延ばしはじめる儀式のことで、武家では三歳の十一月十五日に行うことが多かった。袴着は、はじめて袴を着ける男子の儀礼である。これは、幼児から少年になることを祝って三歳から七歳ころまでに行った。碁盤《ごばん》の上にこどもを立たせ、後見人とともに式を行うのであるが、袴は左足から、羽織りも左手から通すとされていた。殿様の結初めという記録もあるが、羽織りの紐を結ぶことすなわち袴着のことと思われる。観通の八歳に見られる。

紐解は、女子の七歳の祝いで帯を付けはじめる儀式である。弘化四年（一八四七）、観通八歳と竹姫六歳のときの袴着と紐解の詳しい記録がある。吸物二種と、赤飯、煮しめ他のお祝い料理が用意された。親戚一同から観通公へは袴地や紅白の下帯、竹姫へは帯地、縮緬《ちりめん》、べっこうの籠、干鯛、台肴、赤飯、食籠などが贈られている。そして、家老一一人および側女中八人からも肴一台ずつが贈られている。これらの祝儀に対し、観通公、竹姫から側女中へそれぞれ目録として金子が渡されている。家老たちおよび御役所両人、御料理人などへは酒、吸物が振る舞われた。

このように特別な儀礼や節目には、日記以外に記録を残すことが多かった。したがって記録が失われている場合には詳細がわかりにくい。

元　服　成人となるころに髪形や服装を変える儀式で、男子は十五歳、女子は十三歳ごろであった。男子の元服は、髪を切り揃えて束ね、冠または烏帽子《えぼし》をつけることが行われていたが、次第に簡略化され、月代《さかやき》（額から頭頂部）を剃るだけとなった。これを前髪落としともいった。庶民では成人になってはじめてふんどしを締めるときに祝うならわしがあったが、稲葉家の場合、文化六年（一八〇九）「若殿様下帯御召初」とあるので、武家においても行われていたようである。

女子の場合も髪の形を変え眉を落とし、衣装を変えるといった規式から、髪を結うだけに簡略化されていった。このような簡単な儀式を半元服といった。日記には、天保七年（一八三六）、峯五郎（観通）のときにある。

袖留という儀式もある。これも元服のひとつで、着物の袖を短くするのである。これは、女子のみでなく殿様も、また結婚した新婦も行った。祝儀は髪置などと同様である。

鉄漿（かね）　一般には、お歯黒といわれることが多く、女性が歯を黒く染める風習があった。はじめて歯を染めることを初鉄漿《はつかね》といい、江戸時代以前では男女とも八、九歳ごろから行われたらしい。江戸時代になってからは十三歳、十七歳と次第に年齢があがり、さらに江戸中期以降には結婚の前後に行うようになった。

初鉄漿には、親戚や知人などから鉄漿親《かねおや》をたてて、鉄漿つけの祝いをした。日記には、姫様の鉄漿がある。祝いは、干鯛、赤飯、食籠、硯蓋、肴などである。臼杵市のヤマコ美術館には鉚子姫の婚礼道具が展示されているが、その中に鉄漿つけの道具がある。鉄漿は民間でも行われていて、元治元年（一八六四）「当年十三歳に付鉄漿初に付二夜暇《いとま》」と側女中から願いが出されている。実家で初鉄漿をしたものらしい。

有卦

有卦《うけ》とは、陰陽道《おんようどう》の思想にもとづくもので、する事なす事みな吉方へ向かう縁起のよい年回りのことで、七年間続くとされた。現在はいい気分になることをうけに入るというが、有卦に由来しているのである。陰陽道では胎、養、長、沐、官、臨、帝の七つに当たることから、有卦入りには「ふ」のつく七つの品を贈り祝う風習があった。どのように行われたかをみよう。稲葉家の場合、幕末になってからの記録が多い。有卦についての記録が、幕末になってからみられるようになるのは、江戸から国元へ帰った人々が江戸の風習を伝えたと考えてよいだろう。

文久元年（一八六一）、殿様の有卦入りには川舟の水に泳がした鮒三〇疋、麩、ふんどし、筆洗、ふろしき、船頭、福助の七品であった。祝いの品には男性むきと女性むきがあり、慶昌院（観通実母）の場合には福助、ふくさ地、フラスコ、ふし、ふるい、ふり出し壺、側女中藤衛の場合には夫婦模様目出度盃、文筒、紫ちりめん袋、白羽二重ふとん地、ふんどう、ふさようじ、さらしふきんであった。ふの字の菓子というのもある。フラスコは現在では科学実験用のガラス器具のことをさすが、江戸時代には酒の燗をつける道具のことであった。

賀の祝いと厄払い

一定の年齢に達した人を祝うことを算賀といい還暦（六十一）、古希（七十）、喜寿（七十七）、傘寿（八十）、米寿（八十八）、卒（卆）寿（九十）、白寿（九十九）などが知られている。江戸時代には幼いこどもはたくさん亡くなったけれども、生き延びた人の中には長寿の人も多かった。

『御会所日記』には、領民が百六歳をはじめ百歳代を祝ったことも数例記されている。また、天明元年（一七八一）領内三重郷の山方村六兵衛の母が満百歳を迎えたときには、祝儀として藩より米八斗が贈られていた。算賀の祝いには賀餅または寿餅が作られた。また、天保四年（一八三三）家臣の古希には鶴の画が贈られたこともある。「鶴は千年、亀は万年」という言い伝えから、長寿にふさわしいものとして用いられたのだろう。また、文久元年（一八六一）市中の仁王座に住む亀吉の祖母が八十二歳になったとき祝儀が渡されたこともある。さらに『御会所日記』の文政九年（一八二六）に九十歳以上の者三二人、八十歳以上の者一六人とある。そして九十歳以上へは米四斗、八十歳以上へは大麦四斗が贈られた。下賜米は高齢者ばかりでなく、十歳以下だけの家族、前年中三人不幸のあった者へは大麦四斗、同じく四人不幸のあった者へは大麦六斗、盲目三人ある家へは大麦四斗が与えられた。年貢を取り上げるばかりでなく、福祉的な政策もとられていた。このようにして領民を祝うのは文政九年のほかにも何度か行われた。

初老の記録もある。上屋敷の奥様が四十歳になった年に祝いとして肴が贈られている。初老とは多くの辞典には四十歳の異称、中年から老年にさしかかるころとあるが『新明解国語辞典』には「もと四十歳の異称。現在は五十歳前後をさす」とある。「人生わずか五十年」といわれた時代の初老であり、現在のような超高齢社会ではまだ人生半ばである。

賀に対して厄というものがある。この考えは有卦と同じく陰陽道にもとづくとされ、一般に広まったのは近世になってからといわれている。厄年には厄払いをした。男の四十二歳は「死に」に、女の三十三歳は「散々」に通ずるものとして知られている。日記には松平壱岐守の厄払いに、隠居した大殿様（雍通）が招待されていて、このときの手土産は喜の字の大盃と一斗樽入りの千代饅頭であった。

葬　儀

十一代雍通は長寿であった。これは、雍通につぐ藩主を次々に失った稲葉家にとっては不幸中の幸であった。十二代尊通の葬儀については、臼杵でのできごとであり、その年の奥日記がないため、『稲葉家譜』および『御会所日記』からみよう。死後の段取りは、沐浴《もくよく》後生前のように髪を結い、紋付・帷子・長上下《かみしも》を着せる。

十九日に行われた内葬は、嗣子であるためしばらく公表されなかった。内葬に続いて二十二日に本葬が行われた。法名は、尊通の死後まず仮の法号本浄院が与えられただちに江戸へ伝えられている。仮の法号が与えられたのは、菩提寺月桂寺の和尚が京都へ出かけていたためのようだ。本隆院という正式な法号は、本葬の前日に与えられている。内葬の日、出立御料理として遺骸の前に一汁五菜が供され、葬列の人々へも一汁四菜から一汁二菜までの御料理が出された。御輿の棺を見送り、火葬に付された。そして、忌中の間普請差止め、鳴り物・遊山が停止された。

幾通の場合は天保十四年（一八四三）、八月中旬より体調を崩していたが十二月十七日臼杵で亡くなった。沐浴は麻上下を着た家臣に見守られて行われた。内葬は二十一日晩、御見立は富太郎、慶昌院、於竹殿であった。詳細は尊通の場合と同様である。翌二十二日、灰寄せが行われた。お骨拾いである。そして、お骨は本葬まで月桂寺仏殿へ置かれた。年末のことでもあり、幾通の死は翌弘化元年正月一日に公表された。江戸にいた幾通の室は、葬儀に列席することもできず六月四日剃髪し以後誠感院《せいかん》と号した。

雍通の葬儀については、奥日記に詳しい。雍通は、一ヵ月前まで上屋敷を訪ねるなど亡くなる直前まで比較的元気であった。危篤の知らせを受けた殿様、誠感院、慶昌院、於竹様はただちにかけつけた。その六日後、江戸下屋敷で亡くなっている。弘化四年（一八四七）九月十九日のことである。七十二歳であった。死の翌日沐浴をし、葬儀・出棺は一週間後の初七日の日である。遺骨は三分されひとつは東禅寺（江戸）に納められている。他は月桂寺（臼杵）と高野山に納められた。百ヵ日を終えた後、正装の麻上下を着た家老二人と下男とに守られ、船で本覚院（高野山）および臼杵へ送られた。遺骨の出立にあたっては側女中らが花を供えた。遺骨が臼杵に着いたときには、香林寺の和尚をはじめ家臣が迎えたが、支度は麻上下の正装、足軽は羽織・袴であった。遺骨や遺髪が分けられたのは、藩主に限らず正妻や妾の場合にも行われた。このしきたりは、最後の藩主十五代久通の場合には中止されている。

奥方が死んだときはどのように葬られたのだろうか。妾と正妻について年代順に比較してみよう。妾の清晶院・寂照院ともに臼杵で亡くなっている。

清晶院（雍通妾）の場合は、弘化四年九月二日に亡くなった。六十九歳であった。葬儀は六日に月桂寺で行われた。遺骨は三分され、高野山と江戸へ送られることになったが、とりあえず御輿に乗せられ月桂寺の御廟へ葬られた。危篤の知らせは、八月二十二日「お部屋様、大病……」と飛脚によって江戸へ伝えられたが、その便りが江戸へ着く二週間も前に亡くなっていた。情報が飛脚という人手を介しての手段しかなかった時代のことゆえ致し方ない。遺骨の出立は九月二十三日であった。家老二人と下男が付き添ったのは殿様の場合と同様である。

寂照院（雍通妾）の場合は、文久二年（一八六二）六月十九日、臼杵で亡くなった。容体が悪くなってからずっと慶昌院（観通実母）が付き添った。葬儀は初七日を待たず、死の三日後に行われている。夏の時期ゆえかもしれないが、殿様の場合とは異なる。遺骨は、家老に守られ八月二十三日に寺浦より船に乗り高野山へ送られた。

正妻の場合をみよう。誠感院（幾通室）は江戸で、国清院（観通室）は臼杵で亡くなった。誠感院は嘉永六年（一八五三）八月末より病で伏せ、西久保八幡や杉森稲荷などへの祈禱もむなしく、九月八日に亡くなった。三十三歳であった。初七日の日の出棺は殿様と同様である。出棺にあたり、出立の御料理を供えている。仏前の供え物は、菓子が多い。これは、江戸だったからであろうか。墓所は東禅寺である。遺髪は高野山へ送られた。

国清院の場合をみよう。文久三年、観通亡きあと臼杵へ帰国し、その翌年米山屋敷で亡くなっている。国清院は一月ごろから体調がすぐれなかった。三月の雛節句を済ませ、領内の祇園社や菩提寺の月桂寺へ参詣したりしていたが、三月十五日の月並登城は中止されている。そして、三月二十八日亡くなった。内葬は初七日を待たず四月二日に行われた。出棺前の御膳は表より調達された。表向きの葬儀は、殿様が帰国するのを待って改めて四月二十日に行われた。七日ごとの法事も、内葬に合わせた日取りと、表向きの葬儀に合わせたものとがあり、すべて二通りが行われた。表向きの葬儀の二七日を過ぎ、遺髪は家老が付き添って船で高野山と東禅寺に運ばれた。国清院二十三歳であった。その後、側女中の老女松岡は願いを出し剃髪して改名し、以後良哭《らく》と称した。このように、殿様と正妻および妾の葬儀はほぼ同じように行われている。

こどもたちの場合をみよう。こどもが亡くなることは、ごく日常的なことであった。雍通の一二人のこどものうち、生まれてまもなく亡くなったのが四人、一歳で亡くなったのが二人、三歳が一人といった具合であった。したがって、こどもの葬儀についての詳細な記録はほとんどない。亡くなると、菩提寺へ連れて行き、簡単な葬礼をしている。

文政八年（一八二五）、雍通の第十一子慎之助は一歳と一ヵ月で亡くなった。その二日後に東禅寺で法要を済ませ、初七日にあたる日には寺参りに代参をたて、雍通は赤坂の料亭泉楼へ出かけている。一一子目ともなると、悲しみも薄かったのだろうか。

朦中見舞い

身近な人が亡くなると、心寂しい。そこで、仏前への供物を兼ねて、残された者への見舞いをする。これが朦中《もうちゅう》見舞いである。知人への朦中見舞いとして、壺屋に頼んで白蒸し（白いこわ飯）が贈られたこともある。仏前への供物としては菓子が多く、菓子折、餅菓子、饅頭、焼饅頭（しのぶ饅頭）、唐饅頭、そば饅頭、朧《おぼろ》饅頭、ぼた餅、鶯餅、いまさか、かるやき、せんべい、おこしなどがよく用いられている。南蛮菓子のかるめらも一回ある。水菓子（果物）も季節の品が用いられる。御膳、御重、食籠《じきろう》（料理を入れたもの）、精進すしや臼杵名物の黄飯《おうはん》もある。また、精進料理に必要な野菜や豆腐、ゆば、油揚げ、氷こんにゃく、乾物や煮しめ、蕎麦なども贈られている。法事の精進料理の材料となるものである。お茶は、文化十三年（一八一六）供物として初出し、その後二回みられる。

法事・忌中

法事はたびたび行われた。こどももたくさん亡くなったし、正妻のみでなく妾も大勢いたからである。年忌も百回忌をはじめとして百五十、二百、二百五十、三百回忌などを行っている。江戸屋敷の記録には、享和元年（一八〇一）に長寿院の百五十回忌および赤羽梅林院の二百回忌が行われている。このような昔の人に対する法事は、江戸屋敷ではその後みられなくなる。

稲葉家以外の法事の記録がある。寛政十二年（一八〇〇）、臼杵城で大猷院《だいゆういん》（三代将軍徳川家光）の百五十回忌が、また文久二年修徳院（細川三斎の娘、長江院）の二百五十回忌などが行われている。

法事の規模については、対象となる人との近しさや、亡くなってからの年数などによって異なるが、時代による変化もあるように思える。

幕末文久三年の国清院（観通室）の場合についてみよう。四十九日の夜、御立日（納骨）として夜食が振る舞われた。献立は煮しめ、御汁、香物、御飯、平皿、御茶碗、湯に、菓子三種（羊羹、焼饅頭、小らくがん）であった。身内はもちろん、御用達三人、医師九人、御附女中一〇人、米山女中一三人、惣女中一四人、御賄人三人、御料理人二人、手明二人、小使六人、部屋方四人、米山御用人等八人、計七四人へ御志の御料理が出された。また、やわやわ（おはぎ）を作って配ることもあった。

忌中についてふれよう。四十九日の間は忌中であった。その間何日かは鳴り物・遊山は停止、普請も差し止められた。これは、殿様・正室とも同様である。また、節句などの祝儀は取り止めまたは延期された。奥様が忌中のため、雛節句が三月十三日に延期された例がある。四十九日の法事が済むと、忌明《きあ》けとして白蒸しや柏餅が配られた。

忌明けはめでたいとされたものか、臼杵では側女中の忌明けの折に、鯛が献上された例もある。

赤飯と白蒸

赤飯は現在では祝儀に用いられることが多い。これは小豆《あずき》の赤い色が邪気を払い、厄除けの力をもつと信じられたことによるという。また、小豆の風味が日本人に好まれたことにもよるだろう。しかし、臼杵では法事に赤飯が用いられていた。白蒸しを用いた記録のほとんどは、江戸における記録である。臼杵で白蒸しが用いられたのは文政七年（一八二四）の日記と明治二年（一八六九）『御会所日記』の本休院様の法事である。それまでの法事にはほとんど赤飯が用いられていたのが、明治二年の『御会所日記』以降白蒸しが定着したようだ。仏事に白蒸しを用いたのは江戸の風習かもしれない。現在の臼杵には、赤飯を法事に用いることは伝承されていない。

病気見舞い

病気になると、それぞれの藩のお抱え医師が手当てをする。回復がはかばかしくないときには、他の医師の助けをかりる。手当てのほとんどは薬の処方のみであった。周囲の者たちは、ひたすら祈禱に頼る。

夏には、枇杷の葉を煎じた枇杷《びわ》葉湯《ようとう》売りが町に現れた。枇杷葉湯は、枇杷の葉に肉桂《にっけい》、甘草《かんぞう》などをまぜた一種の漢方薬で、のどごしの良さから夏の飲み物であった。「医者の下

女　枇杷葉湯は　当たり前」という古川柳もあるほど普及していたらしい。文政六年（一八二三）六月の日記には手製の枇杷葉湯とある。暑気払いもかねて、お屋敷で飲んだのだろう。

当時の病気としては、麻疹《ましん》（はしか）、痘瘡《とうそう》（ほうそう）が多かった。こどもが患うことの多いこれらの病気は、ときに命を落とすほどでありながら、一度かかって治ると二度とかからないことが知られていた。

麻疹について述べよう。奥様が麻疹にかかった記録が多い。これは結婚年齢が低く、若い奥様であったことによるだろう。見舞いには、消化のよい葛《くず》と砂糖、葛で作られたすいせん（葛めん）や葛饅頭、葛せんべいなどの菓子が多く贈られている。麻疹が治ると、麻疹御祝が行われる。親戚中へ切麦を贈っている。麻疹祝いも男女差がある。若殿様（嫡男）の場合は盛大で干鯛と赤飯を配り、奥様の場合には赤飯、煮しめ、酒を惣女中へくだされるといった具合である。痘瘡については後に述べる。

そのほかの病気として、濃疱《のうほう》が一度ある。濃疱とは皮膚病の一種で、側女中が二人一度にかかった。治療のため、二人で六本木の薬湯へ行ったとあるが、治らずに永の暇《いとま》として退職している。

また、毒消しに白い珊瑚の箸がよいという迷信から、その箸を求めたりもしている。疫病送りの踊りもあった。臼杵では、文久二年（一八六二）疫病送りの踊りを仰せ付けられ、殿様が御覧になったり、領内にはやり目が流行したときには、祇園社へ祈禱をさせたりしている。

このように、病気に対する的確な処方のない時代であったから、良いといわれるものに飛び付かざるを得なかったのがよくわかる。

床あげ祝儀は枕直しともいわれた。現在の快気祝いである。稲葉家から嫁いだ姫君たちの病気の折には、枕直しに干鯛、肴、食籠が用いられた。その他としては嘉永ごろになっても肴と赤飯を用いることが多かったが、少し前の天保ごろから菓子折なども使われるようになった。菓子が普及しはじめたことを物語っている。

痘瘡と酒湯

痘瘡については、一七九六年イギリスでジェンナーが種痘を立証しそれが普及するまでは、死亡率が高く、治ってもあばたを残す恐ろしい病気であった。麻疹に比べると、痘瘡の記録は五、六倍もあって、たびたび流行し大勢が痘瘡にかかった様子がわかる。

痘瘡見舞いには、赤い色のものがたくさん用いられた。たとえば赤飯、紅絵、紅らくが

図12　すすきみみずく

表7　痘瘡まじないの水の作り方

品　　名	分　　量	作　　り　　方
からたちの殻	4匁	左を水3升に入れ，1升5合に煎じる．この湯を惣身にぬる
紅　　花	4匁	
午　房　子	4匁	
陳　　皮	4匁	
黒　大　豆	3匁	
緑　　豆	3匁	
桑のスアヘ	1尺5寸	
桃　の　枝	1尺5寸	

注　「尾州家料理方袖中抄」(1793年，東北大学狩野文庫所蔵）より作成．

んなどで菓子が多く用いられた。江戸時代、赤色を出すには紅花が用いられていて、それが漢方で腫瘍の薬とされていたことによるのかもしれない。インドの方では、赤は魔除けの意味があるとか。また「疱瘡まじないの由、うさぎ進上」ともある。うさぎの目が赤いからだろうか。

姫様が疱瘡にかかったときの様子をみよう。文政八年（一八二五）、銚姫《かね》九歳の秋のことである。十一月十六日、疱瘡らしき症状が出た。さっそく、御側女中は大殿様や殿様より祈禱を仰せつかっている。見舞いとして、大殿様より紅御服が贈られ、病人に着せた。夜具も紅色に変えた。「紅羽織出来、皆々着致候」とあるので、看病する側女中たちはそれを着たらしい。親戚からは肴、みみずく、堺しんこ餅、紅干菓子、またたるまみみずくや最中、紅絵、さらに紅かまぼこ、御菓子、紅絵袋入り、紅絵御重などが贈られた。紅絵五〇枚という記録もあるが、これを病床の周囲に貼りめぐらしたようだ。雑司ヶ谷の鬼子母神は疱瘡よけとして知られ、そこで売られるすすきみみずくを見舞いに贈ったらしい。すすきみみずくは今も境内で売られている。

兎血丸《とけつがん》という臼杵で作られた薬も用いられている。この薬は『臼杵時代考』によれば、元禄九年（一六九六）に考案されたもので、その前年元禄八年の記録には、疱瘡の薬として諸臣に牛糞を賜るとある。疱瘡の治療に牛糞が用いられていたのだろうか。兎血丸については、天保七年家臣のこどもが疱瘡になったので兎血丸がほしい旨願いを出している。疱瘡に効能のある薬として知られていた。

尾州家の寛政五年（一七九三）の記録には、疱瘡まじないの水の作り方があり、稲葉家の日記にも文政五年（一八二二）に用いられている。この水は、からたちの殻、紅花、牛房子、陳皮、黒豆、緑豆、桑のすあへ、桃の枝を水で煎じたもので、これを全身にぬったらしい。

疱瘡は命を落とすこともある重病だった。天保十三年（一八四二）、側女中の止久の甥が疱瘡にかかったとき、「疱瘡中、薬そのほか物入り多し」として、御手元金五両をくだされている。

軽快したころ、酒湯《さかゆ》をする。酒湯とは、疱瘡の癒えた後、温湯に酒を混ぜて浴びさせることで、これがかえって疱瘡を流行させることにもなったといわれている。発病から一〇日ほどすると、軽快し床上げ祝儀を迎える。赤飯、煮しめ、吸物、酒などいつもの通りである。快気祝いの折、病気中に使った紅中夜具、御裏地、かいまき、ふとん、桃色下ふとん、紅袷、紅羽織、紅帯などを側女中たちへ下されている。これも疱瘡を広める一因になったような気がしてならない。

水痘《すいとう》（水ぼうそう）もこどもの病気である。軽快後、水痘御祝儀が行われる。

　これらのほか、出産後の床上げ祝儀や病気の快気祝い（枕直し）などの記録もある。歯医者がお屋敷へ来たことがある。天保八年「大殿様御歯ゆるみにつき御歯医師まかり出」とある。このとき大殿六十一歳、あちこちの歯が痛む年齢だったろう。

灸治

　灸は漢方療法のひとつであるから、江戸時代には広く普及していた。とくに、二月灸といって二月二日に灸をすえるとよく効くという言い伝えがあったため、稲葉家でもこの日に行っている。

　殿様、奥様をはじめとして、雍通の第十三子良之助は生後四ヵ月の赤ん坊のとき、尊通は九ヵ月で灸をしている。灸が行われた後には、灸さましを行う。灸さましとしては、菓子や赤い餅が用いられることが多かった。あんころ餅二五〇を用意し、御用達や惣女中へ配ったり、文久三年（一八六三）国清院の場合は御膳一汁三菜というのもある。また、いりいりといいしいしが用意されることも多かった。いりいりは白米一升、黒豆三合、大豆三合を、いしいしは団子のことである。このことばはいずれも女房ことばから出たものであろうが、このいりいりといいしいしは医師に渡されたもののようである。さらに、灸をした医師には吸物、酒、肴二種が振る舞われる。弘化三年（一八四六）のいりいりは青豆一升、黒豆一升、上白米三升、白黒砂糖一斤ずつと文化年間に比べると砂糖が用いられるなどの違いがみられるようになる。

大名の生活と遊興

大名の食生活と物価

料亭

江戸では、八代将軍吉宗の享保のころ（一七一六〜）まで外で食事をすることはほとんどなかった。わずかにあった茶屋で、奈良茶飯という茶飯と煮しめ、煮豆などをセットにしたものを食べさせていた程度である。その後、宝暦十二年（一七六二）の『根南志具佐《ねなしぐさ》』に三軒および両国周辺で二階建ての料理屋があることが記され、続く『富貴地座位《ふきじざい》』（一七七七年）には茶飯や豆腐を食べさせる店を含めて江戸で三一軒となっている。したがって、宝暦・明和ごろになって料理茶屋が増えはじめ、それにつれて利用者も増えていった。

日記には文政二年（一八一九）山谷の八百善および田町の不老亭、文政四年木挽町《こびきちょう》の酔月楼および赤坂の泉楼、文政六年浅草の金波楼、弘化二年（一八四五）笹の雪、弘化三年柳橋の梅川など名店の名がかなりみえ、しかも、その記録は知るかぎりにおける初見のものが多い。深川の平清も文政十一年にみられる。このほか芝口の近江屋（『江戸買物独案《ひとりあん》内《ない》』ほか）や魚籃下の宮川（『江戸酒飯手引草』）などは比較的お屋敷に近い店であるが、日本橋の百川楼（『江戸名物詩』初編ほか）、秋葉神社前の大黒屋（『彙軌本紀《いきほんぎ》』ほか）など、いずれも当代きっての名店の名がみられる。このほかにも品川の三軒屋、芳町の桜竹、深川のむさしや、浅草の田川屋、鶴岡、久保町の清水屋、古川の松月楼などなど、あちこちへ出かけている。

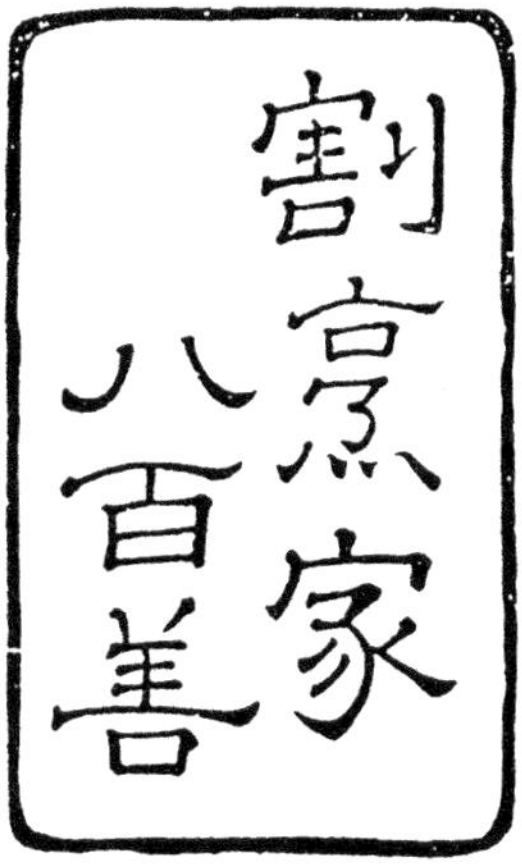

図13　八百善の商標（『集古』一九四四年七月）

これらの料理屋は神社や寺の周辺にあるものも多かったので、お参りに出かけるついでに立ち寄るのがほとんどであった。しかし、本末転倒だったのではなかろうか。

すしと蕎麦

すしというものは、古くは米飯と生魚を二ヵ月ほど漬けた熟《な》れずしであったが、江戸初期には一ヵ月程度漬ける近江の鮒ずしや吉野の釣瓶《つるべ》ずしが作られるようになり、さらに文政年間には早ずしという米飯や魚に酢を混ぜる現在のすしとなり、後に江戸ずしといわれる握りずしが考案されたという。江戸ですしを売り始めたのは『東京市史稿』によれば貞享年間（一六八四〜八八）のこととされる。それは上方風の押しずしで、その後宝暦ごろになってこはだと鯛のすしを売るお万がすしができ、これが握りずしの元祖であると記されている。

日記には享和元年から江戸でも臼杵でもすしがよく出てくる。江戸では文政五年（一八二二）にけぬきすし、いろはすしなどと店の名が出るようになり、このほかにも当時の名店の松のすしや玉すし、吉野安宅すしなどがたびたび見られ、文政初期ごろにすし屋から取り寄せたり買いに行ったりするようになったらしい。おやつにも買ってきたりした。

天明七年（一七八七）刊の『七十五日』には二二店のすし屋の名があって、その中に「ひとよすし」というものもあるので、天明七年ころには飯に酢をまぜる早すしがあったことがわかる。『七十五日』には海苔巻すしもある。また、ちらし弁当を取ったり、新しいすし屋が開店したときにも買いに行った。精進のすしも作られている。雍通《てるみち》はすしが好きだったらしく、毎年誕生祝いの定番メニューであった。

蕎麦《そば》もよく食べられていた。とくに江戸屋敷ではうどんに比べて多い。蕎麦の食べ方は、現在のような麵状が考案される以前は蕎麦がきという蕎麦粉を湯でこねて団子状のものであったのが、『日本永代蔵』（一六八八年）のころ、蕎麦切りが出てくるようになり、食べやすさもあって麵状に細く切ったものが広まったのである。

日記には文化元年（一八〇四）に初見され、以後仏前への供物としてよく出てくる。また、蕎麦屋から取ったりもした。弘化三年の記録には永坂更科の蕎麦、しっぽく蕎麦などを取っている。また、年末には年越し蕎麦と思われる一六せいろうもの蕎麦が取り寄せられている。

天ぷら

天ぷらという料理のおこりは文献では元禄中ごろ、天ぷら屋が江戸にできたのは安永ごろのこととされている。油を使った料理は中国より伝えられ、まず寺院での料理によく用いられる油揚げや揚げ麩などに用いられた。しかし、製油法も確立していない当時、油は食用としてよりも夜間の照明のために重要なものだった。南蛮文化が伝えられて以来、油を使った料理が少しずつ普及したとはいえ、揚げ物が一般に広まったのはずっと後の明治中期以降といわれている。

江戸時代の天ぷらには二通りあった。ひとつは魚のすり身を揚げるさつま揚げ、他のひとつは現在天ぷらとして通じる衣揚げである。日記には天ぷら、手製天ぷら、きんぷら、南蛮漬けなどがみられる。もっとも早いのは天保三年（一八三二）の日本橋の天ぷら一段である。その後天保十四年になると年に六回、翌年にも同じ程度出てくるところをみると、天保末ごろから普及したと考えられる。

きんぷらについては『新版御府内流行名物双六』（嘉永年間）に諏訪町の金ぷらとある。このころには江戸名物だった。日記の金ぷらは天保十四年である。また、弘化元年（一八四四）江戸役所の日記にはかやの油五升、弘化三年には油四升とある。かやの油は天ぷら油としてよいので、これは料理用だったのかもしれない。

豆腐と唐豆腐

わが国における豆腐の歴史は古く、寿永二年（一一八三）奈良春日大社にみられる。以来日本人に好まれ『豆腐百珍』（一七八二年）、『豆腐百珍続編』（一七八三年）と豆腐料理についての本も次々に出版された。

日記の豆腐については根岸の笹の雪豆腐、東西両国の淡雪豆腐や浅草名物豆腐、吉原豆腐などがある。また唐豆腐が数回進物に用いられている。江戸の飲食案内『七十五日』には唐豆腐乾を扱う店が一軒だけある。唐豆腐は中国から伝えられた黄檗《おうばく》豆腐のようなものと思われるが、その店は白金台町六丁目瑞聖寺門前角美濃屋吉兵衛とあって『集古会誌』には商標もある。何回かの唐豆腐のうちの一回は西久保普門院からの贈物であるから、当時の寺院では作っていたものらしい。

生活が豊かになるとより美味しいもの、より珍しいものを求める風潮が高まり、季節の初物も珍重されるようになった。鳥や魚は『御触書寛保集成』以降制限がなくなって自由に販売されるようになったが、野菜や果物には規制があった。江戸時代にも、温室などで促成栽培が行われていた。しかし、度重なる奢侈《しゃし》禁止令が出されたこともあって、この風潮に歯止めをかける目的で生鮮食品の出荷時期が定められた。

食べ物の旬

江戸屋敷における食品の出現状況をみると、野菜では二月三月の竹の子、四月五月の白瓜、夏の松茸、果物では柿が一・二月に、梨が二月から七月まで、葡萄が五月など規制時期以外のものがある。やはり、珍しいものを少しでも早くという想いは昔も今も変わりない。鳥類では鴨、雉《きじ》などは冬とくに年末年始の贈物に多く用いられている。とくに、鳥類は重要な贈物で、価値の高いものであった。生姜《しょうが》が九月に多いのは、神明土産がほとんどで、神明の秋祭りは生姜祭りともいわれ境内で生姜が売られており、姫君や側女中など多数が出かけたからである。

暑中・寒中見舞い

季節見舞いは、暑中と寒中とに行われる。暑中見舞い、寒中見舞いとも暑入り・寒入りの翌日から数日間に贈られることが多い。暑中見舞いとしては魚介では干鯛、うなぎ、しじみなど、鳥では国元の鳥、五位鷺など、野菜では白瓜、里芋、茄子、きゅうりなど、果物では真桑瓜、桃、西瓜など、菓子では煎餅、葛まん、餅菓子、白玉、みずのこ、かる焼など、その他としてはすし、素麵、うどん、道明寺、甘酒、酒などが贈られた。時代が下がってくると暑中見舞いにも変化がみえる。従来通りのものに加えて、すしでは巻ずしなど、果物も種類が増え、砂糖や焼酎がかなり用いられるようになる。

しかし、砂糖は大名家でもまだ貴重品であって、文政末期までは稲葉家でも年に一、二回しか見られない。主な食品の手配をしていたと思われる役所においても、文化十三年（一八一六）には黒砂糖一斤という記録一回のみである。砂糖が増えるのは文政末期から天保にかけてのことで、このことがわが国における砂糖の普及を示しているものと思われる。そして、単に砂糖という記録から次第に白砂糖となっていくのは天保十年（一八三九）以降のことである。

寒中見舞いとしては魚介では干鯛、寒鮒、鮭、はららこ、蠣《かき》など季節の品が、鳥では鴨、

表8　暑中・寒中見舞いの品

暑中		寒中	
江戸（文化頃）	臼杵（文政7）	江戸（文化頃）	臼杵（文政7）
干鯛		干鯛	甘鯛
肴	鯛みそ	肴	肴
海雲	しじみ	てんぷら	するめ
どじょう		玉子	さざえ
干うんどん		唐いも	
すし		たばこ	
里芋	白砂糖	菓子折	菓子
白玉餅	くず切	くずまん	
桃		せんべい	
真桑瓜		らくがん	
		きぬた巻	
		みかん	みかん
		甘酒	甘酒
（弘化・嘉永頃）	（嘉永初）	（弘化・嘉永頃）	（嘉永初）
	鯛	鮭	鯛
	鯉	鯉	鯉
	うなぎ	貝柱	雁
	いか	鴨・野菜	鴨・野菜
	玉子	玉子	雉
	ちんさい餅	干海苔	
あんころ	すいせん	餅菓子	羊羹
氷砂糖	三盆白砂糖	砂糖	
泡盛			
		みかん	みかん

玉子、野菜ではぎんなん、果物ではみかん、ころ柿など、菓子は暑中の品とほぼ同じく、その他としてすし、海苔、昆布巻、甘酒などが用いられている。天保以降になると魚介ではからすみ、むきみ、はんぺんといった加工品が、鳥では雉子や雁など多種多様になっている。

玉子を見舞いに用いる風習は、日記では江戸末期からよくみえる。また明治末期の『進物案内』にも各種の進物の最初に寒玉子があげられているところをみると、明治末でもまだ玉子が贈物とされるほど貴重品であった。冬には鍋焼きという記録が江戸末期に多く見られる。これは「貝柱、豆腐、初茸、みつば、はんぺん」「鴨、麩、みつば、はんぺん」「鴨、せり」「車海老、玉子、椎茸、貝わり菜」などのセットを鍋用として贈るもので、みそや醬油味の汁で煮ながら食べるものである。これは江戸初期の『料理物語』（一六四三年）にすでにみられる。

武家と鶴

わが国では、天武天皇の二度にわたる殺生禁断令、さらに仏教思想や農耕の使役としての牛、馬という点などを考慮して、獣肉食を忌避する風潮が定着していた。禁止の対象となったのは牛、馬、犬、猿、鶏の五畜であった。こうした背景から、動物性の食べ物を忌む中で鶏以外の鳥類だけはかなり食べられている。

日記にみられる鳥を多い順にあげると小鳥、鳩、鶉、鷺、雉、鴨、雁、鳶、鷹、くいな、つぐみ、ひよ鳥、鶴などとなる。『包丁聞書』(年不詳)には三鳥として鶴、雉、雁があげられていて、鶴の位が一番高い。江戸時代には大藩には将軍家から下賜される特別な鳥であった。料理した鶴は一番目の吸物に使われ、これが出される献立は格式高いものとされた。鶴の披《ひら》きは豊臣秀吉のころから行われていた。一月十七日(のちには十九日)に幕府から天皇に鶴を料理して差し上げるというものだった。鶴をお座敷に置き、家臣の居並ぶ中、包丁人が定められた寸法のまな板、定められた切り方で料理するのである。この風習が武家にも伝わり、鶴は正月のものという受けとめ方となった。

稲葉家における鶴の出現は全部で四三回で将軍家からの下賜はみられない。そのうち歳暮や年始の献上品は一〇回ほどしかなく、鶴の披きとしては『臼杵時代考』には「明和三年正月十一日命鶴解体。作吸物、賜之席中並八人衆」とある。鶴は鳥の中でも上位とされ、吸物にして振る舞われる習慣があった。奥日記には嘉永元年(一八四八)一月二日と元治元年(一八六四)九月二十七日の二回のみで、必ずしも一月の行事ではなかった。しかし、元治元年には鶴の包丁式とあり、この規式が幕末まで行われていたことに武家の鶴への想いといったものを感じる。

一方、庶民は鴨を好んで食べたことが井原西鶴などによって記されている。こうして、「武家の鶴、庶民の鴨」といわれるようになったらしいが、稲葉家の記録からみるとよく食べられているのは鶴ではなく鴨である。鶴の供給量が少なかったことにもよるのかもしれない。鴨は大殿様の住まいである江戸下屋敷に多い。同期間の上屋敷に比べると一〇倍もの鴨が見られる。これは、上屋敷が二十歳そこその若い殿様の住まいであるのに対し、グルメづいていた六十歳近い大殿様であったという差であろう。

鴨について多い鳥は雉である。雉は江戸屋敷に比べると、臼杵に多い。雉が臼杵でたくさん捕れたと思われる。そして、臼杵には雉を使った「雉のおすまし」という料理が伝えられていた。臼杵では、このほか鳩、小鳥も多い。猟の成果と思われる。

卵

卵について述べよう。わが国では卵を食べる習慣はなかったが、南蛮文化の影響をうけてまず、かすてらやぼうろ、卵そうめんといった菓子から次第に浸透していった。卵は享和・文化期に比べ文政末期から天保にかけて消費量が目立って多くなる。それも、臼杵に比べると江戸の方が流通が早かったのか江戸屋敷の方が多い。新しい食物をいち早く受け入れている武家でさえ、ようやく江戸末期になって卵を食べる習慣が定着したようだ。そして、江戸の屋敷別にみると鳥が下屋敷に多かったのに比し、卵は上屋敷に多く鳥と逆である。これは住まいする人の年齢と関係が深いようで、若い殿様の上屋敷は卵、大殿様は卵より鳥だったようである。

武家と鯛

干鯛はひ鯛またはほし鯛といわれるが、贈答品の中でもっとも目につく贈答品であって幕府への献上品をはじめ、行事やめでたい儀礼などに欠かせないものであった。干鯛は、全国の大名から幕府に対する献上品の書かれた『大名武鑑』に多数みられる。はじめて食品の献上が掲載された『宝暦武鑑』（一七六二年）においては二六三大名中、三分の一にあたる八八大名が干鯛を献上している。生鯛などの献上を加えるとさらに多く、地域的にみると、全国に干鯛が用いられていた。たとえば豊後の国でみると、森藩は現大分県玖珠町で九州山地のまん中にありながら鮮鯛、海鼠《なまこ》、漬ぜんまい、するめ、銀杏、鰹節を献上している。国元の産物はぜんまいと銀杏くらいで、他は江戸で調達したと思われる。『我衣《わがころも》』には、江戸には干鯛屋があったとあり、これほどの需要からみれば当然のことだろう。

干鯛はどのような時に用いられたのだろうか。まず年中行事では圧倒的に年始に多く、続いて殿様の家督や着帯、安産、お七夜など出生にかかわるもの、結婚にかかわる儀礼などに多い。しかし、年始に用いられた干鯛は、文化年間に比べ弘化になると半数以下に減っている。幕藩体制の崩壊につれ、規式は簡素化されて量的にも減ったと思われる。

天保七年（一八三六）の江戸上屋敷と下屋敷をみると、上屋敷のほうが断然多い。これは、行事や儀礼が上屋敷を中心に行われていたことを示しているものと思われる。このほかには、寛保二年（一七四二）稲葉家が荒川の改修工事の命を受けた折に、祝儀として幕府老中や役人などへ多数の干鯛を献上している。『御会所日記』では、延宝二年（一六七四）から干鯛が贈答品として用いられているが、目立って多くなるのは延享二年（一七四五）以降である。これは、のちに述べる正徳六年（一七一六）の綱吉の忌明《きあ》け以降に鯛が多用されたことと年代的にもほぼ一致する。

また、干鯛を用いたのは殿様や御家中同士の贈答がほとんどで、家督祝儀や婚礼においても臼杵藩の家臣からの献上はほとんどない。すなわち、干鯛そのものに武家の贈答品として格を持たせていたのではなかろうか。幕末になると贈答の内容にも変化がみえ、たとえば元治元年（一八六四）九月の殿様の昇進祝いには干鯛の記録はみられなくなり、さらに慶応二年（一八六六）には干鯛料となっているものもある。これは、文久二年の改革の影響と考えられるが、臼杵ではその後明治二年まで数量は減っているものの年始、歳暮、着城などに用いられていることは変わりない。長年の習慣を急激に変えることはむずかし

図14　干鯛の乾燥風景

かったと思われる。

　干鯛は現在も伊勢神宮の御料干鯛調製所で作られていて、塩漬けした鯛を塩出ししてから干して作る。神宮の御料でもあり、白装束に身を包んで作業が行われている。

　大量に用いられた干鯛は、どのようにして食べられていたかについて述べよう。『明治節用大全』には干鯛の調理法が次のように示されている。「四〜五日以上一週間も白水に浸けおき、日々水を換えて塩をよく出して、半日ほど日にあてて七八分に切り、両面より焼いて焦がし、赤味噌仕立ての汁に入れてよろし。またぜんまい、こんにゃくなど取合わせ煮物にしたるもよろし」とある。

　鮮鯛が贈られることも多かった。鯛は、そ

の形、色、味のいずれもがもっとも優れており、またのめでたいの「たい」にもかけて広く用いられた。鮮鯛を献上するのは大変なことでもあり、干鯛が用いられるようになったのではないかと思われる。

活鯛が献上される風習は江戸中期にまで遡り、六代将軍家宣《いえのぶ》が正徳六年（一七一六）四月に前将軍綱吉の忌明けに、精進上りとして諸大名が競って献上したことに始まるとされている。また、江戸城に対する膨大な鯛の需要をまかなうために、寛永ごろから次第に江戸城活鯛納制という組織ができていて、たとえば宝暦七年（一七五七）の急御用には、二〇〇〇枚の鯛の調達が命ぜられたとある。これらは江戸内の湾のみならず、伊豆や駿河、上総国周准《すす》・望陀《まくた》、相模国三浦、武蔵国久良岐《くらき》などと提携して御用を勤めていたという。鯛の輸送には生簀《いけす》船という特別な船が用いられた。

稲葉家の場合、鮮鯛が用いられたのは家督、婚礼、里披《さとびら》き、元服、着城などのほか、家老や側女中からの献上もかなりある。とくに、臼杵では新鮮な魚類が手に入りやすいためか鮮鯛を用いる頻度は高く、家臣や側女中からの献上も多い。

干鯛、鮮鯛のほか単に鯛との表記が多くみられる。鮮鯛に比べて鮮度のやや劣る鯛なのだろうか、それとも活鯛を略したものだろうか。また、生干鯛、小鯛、塩鯛や甘鯛なども用いられている。興津《おきつ》鯛というものもある。興津鯛は江戸初期の名物を記した『毛吹草《けふきぐさ》』（一六三八年）にもある名産品で甘鯛の塩干物である。興津鯛といわれるようになったのは、駿河の興津地域に多いからとか、興津という夫人が徳川家康に献上したからとかいわれるが、いずれにせよ早くからの名物であった。日記では文政五年に一度、天保になってからは毎年一回贈物として貰っている。

その他の魚　鯛を除く魚の中ではまぐろ、鰹《かつお》、鯉《こい》、鮭《さけ》、鱈《たら》などのほか川魚では鮎《あゆ》、うなぎ、鮒《ふな》など、貝類では蠣《かき》、貝柱、しじみ、蛤《はまぐり》、あわびなどが多い。鮭や鱈といった北方の魚は、塩干物がほとんどと思われる。

まぐろは、現在では江戸前握りすしの一番のネタとして名高いが、江戸屋敷五三年間でわずか四回のみしかない。そのすべてが隠居後の雍通の下屋敷である。いずれも大まぐろ一本と豪快である。延享年間（一七四四〜四八）の『江戸風俗誌』に「鮪《まぐろ》や甘藷、南瓜《かぼちゃ》などは下品な食物で町人でも表店《おもてだな》住まいの者は食するを恥ずる体なり」とある。まぐろの出る江戸下屋敷の主人雍通は五十代の終りで、グルメの限りをつくしていたから、下賤な食べ物とわかっていながらもまぐろの美味を知っていたのではなかろうか。

あんこうも大殿様がよく食べたらしく、ほとんどが隠居後の下屋敷である。江戸時代の料理書にも鮟鱇《あんこう》汁としてよく出ている。皮や肉、臓物を入れたみそ汁とある。美味で知られるあん肝《きも》も食べられていたと思われる。また、天保になるとあんこうの味噌漬けや粕漬けもみられるようになる。

ふぐは全史料を通じて一回のみである。現在ではふぐは臼杵の名物であるけれども、文化十一年（一八一四）の『塵塚談《ちりづかばなし》』に、若いころは武家では決して食べなかったが、近年は士人ももてはやすようになり値段が上がったと書かれている。しかし、稲葉家では食べていなかった。庶民の川柳集『柳樽《やなぎだる》』には命をかけてふぐを食べる様が詠まれているので、庶民の間ではかなり楽しまれていたらしい。けれども江戸時代にはふぐは下等な魚とされ、客膳に供されることはほとんどなかった。

鯨という記録もある。江戸屋敷では文政七年（一八二四）をはじめとして年一回あるかないかといった程度である。臼杵の場合は、『御会所日記』の延宝五年（一六七七）に生鯨、延宝七年には五島鯨とあるものの、以後文久三年（一八六三）までは記録がなく、その後は年一回ずつ見られる。

『臼杵時代考』には宝永元年（一七〇四）に九《メー》《トル》もの鯨を捕ったとある。また、明治三年（一八七〇）二月二日、臼杵の大泊に鯨が迷い込んだことがある。殿様はさっそく見物にいった。翌日には側女中たちは休暇をとって見にいっている。このときは鯨が捕れたため、周辺の部落は一時的に食料が潤ったといわれている。このとき稲葉家でも二月七日には漁の鯨と記されているので、捕獲した鯨を食べたらしい。

魚を加工した蒲鉾《かまぼこ》やはんぺんは江戸後期に多くなる。文化十一年にあるはんぺん、蒲鉾をはじめとして天保になると多出するようになる。臼杵の場合は天保九年（一八三八）に蒲鉾が一回あるだけで安政になってはんぺん、蒲鉾が少しずつ見られるようになる。これらの加工品は新鮮な魚が手に入る臼杵では、業として必要性がなかったのかほとんど見られない。駿府の細工肴《さいくざかな》というものもあるが、おそらく蒲鉾であろう。ちくわの初見は弘化二年（一八四五）の江戸屋敷である。

その他の諸国の名物としては『毛吹草』にもある越後子籠鮭、丹後鰤《ぶり》、土佐鰹節などのほか、越後塩さば、越前の鱈、松前の数の子、小田原塩辛などの名がみえる。また、江戸近郊の名物をあげた『江戸惣鹿子《そうがのこ》』（一六八九年）にある千住鮒、芝えびの名の由来である芝の海老、明石のたこ、土浦の干白魚などもみえる。九州産のものでは薩州出水の海老、野母崎のからすみ、中津の赤貝と干あみなどがある。薩州のいるかというのが天保年間にあるが、食用としていたのだろうか。からすみは江戸初期から長崎の名産だったらしく臼杵に多い。

そのほかの川魚についてみよう。もっとも多いのは鯉であるが、文化七年（一八一〇）以前には年一回程度、その後は年数回程度となる。川魚で多いのはうなぎである。うなぎの蒲焼きは土用の丑の日の食べ物として知られている。うなぎは、江戸初期にはさして高級な食べ物ではなかったが、料理法も上手になったのか天明七年（一七八七）の『七十五日』という江戸の飲食案内書に蒲焼屋が七軒あり、このころから次第に評判となった。同じころ大坂にはうなぎ屋はなかったといわれている。

日記にうなぎの蒲焼きが多出するのは、天保六年（一八三五）以降の観通の江戸上屋敷である。羽沢助方の『羽沢随筆』（一八二三年）には「四、五十年前には今のように市中にうなぎを商う店はなかったのに、今は辺鄙《へんぴ》な所にも市中ない所はなし」と急激にうなぎ屋が増えたとある。また、弘化三年（一八四六）の閏五月末の土用と思われる日に「丑の日に付うなぎ」とか「一七の日に付うなぎ」として七日の日に食べた例もある。しかし、丑の日の食べ物はうなぎに限らず「丑の日に付あんころ餅」ともある。うなぎの蒲焼きは江戸の名店上野山下仏店《ほとけだな》の大和田から何回も取り寄せた。蒲焼き以外にもうなぎ入り豆腐、うなぎ玉子入り、うの花入りうなぎなど変化に富んだものも多い。江戸っ子に好まれたせいか贈答にもたくさん用いられ、うなぎ切手・うなぎ手形なども現れた。江戸で多食されたのに対し、臼杵では少なくとくに蒲焼きはみられない。

どじょうやなまずもある。どじょうやなまずは大殿様の江戸屋敷がほとんどである。どじょうは享和元年（一八〇一）から年一、二回、天保中ごろから増えている。なまずはどじょうの増える天保中ごろから食べられたようだ。上屋敷や誠感院屋敷にはほとんどない。

貝類ではさざえ、蠣、あさり、しじみ、赤貝などのほかむきみ、貝柱もかなりある。むきみは文化六年江戸上屋敷以降、貝柱もほぼ同じころからである。そして、これらは江戸に多く、臼杵にはごく稀にしかみられない。『浮世床』（一八一一年）には浅蜊《あさり》売りの中にむきみを売る風もある。稲葉家上屋敷の二年後のことであり、このころから流行ったのだろう。

野菜・きのこ類

いくつかの野菜についてふれよう。まず大根では尾張大根、桜島大根、練馬大根、宮重大根、根岸大根など、ねぎは岩槻《いわつき》ねぎ、安中ねぎなどバラエティにとんでいる。

松茸は京都や甲州のものが多い。現在では国産の松茸はわずかになってしまったが、江戸時代には各地で松茸がとれていた。臼杵もその例外ではない。たとえば、嘉永四年（一八五二）八月臼杵役所には、御内所御用として松茸五〇〇本を漬けるとある。塩漬けにして年中用いたらしい。それは松茸の出現月からみても、生鮮でありえないときにかなりみられることからもいえる。さらに、江戸時代の料理書『当流料理献立抄』にも塩漬松茸の料理法が記されている。えのき茸も文政四年以降にある。

また菜園や庭にはいろいろな野菜が作られていた。芋、糸瓜《へちま》、梅、きくらげ、きゅうり、ごぼう、椎茸、じねんじょ、ずいき、そら豆、ちしゃ、冬瓜《とうがん》、とうなす（かぼちゃ）、茄子、ふき、しそ、竹のこ、ちょろぎなどがある。このほか駿府のわさびおよびわさび漬け、越後のぜんまい、戸越のじゅんさい、佐倉のこんにゃく、日光とうがらし、小田原の梅干し、朝倉山椒、料理菊などもみられる。

果物類

果物では圧倒的にみかん、柿が多い。次いではぶどう、梨、桃、西瓜《すいか》、枇杷、栗などである。種類の多いのは江戸屋敷で、臼杵ではみかん、柿のほかは梨と栗がほぼ同じほどで、その他は少ない。月別にみると、果物は夏から秋にかけて多いが、当時の果物の出盛り期を考えると当然であろう。

柿は美濃の蜂谷柿（『毛吹草』）、甲州や中津の柿、葡萄は甲州、みかんは国元以外にも名産地紀伊国（『毛吹草』）、桜島みかん、栗は米沢、駿府の真桑瓜、甲州のくるみなどがみられる。とくに美濃の柿は稲葉家の藩祖が美濃である関係上、美濃から贈られたものもあって、江戸でも臼杵でも多出している。

江戸屋敷の庭に植えていた果樹は梨、ぶどう、りんご、桃、柿、ゆすら梅などである。庭の梨は文化九年の上屋敷、桃は文化十四年上屋敷、ぶどうは文政七年下屋敷、りんごと柿は文政八年下屋敷に初見される。下屋敷は敷地が広かったので、いろいろな果樹を植えてたのしんだようだ。おらんだ干柿というものが一回だけみられる。大殿様の原庭よりの土産とある。『日葡辞書』には、柿のことを「干した無花果《いちじく》」といっている。ポルトガルでは干いちじくをよく食べるが、外観は干柿とよく似ているのでその可能性もある。甲州産の砂糖漬の柿というものもある。江戸時代には柿までも砂糖漬にしていたらしい。

酒

江戸時代中ごろまでの江戸の酒は、摂津や伊丹から運ばれる下り酒が多かった。灘の酒が有名になったのはその後十九世紀になってからのことである。上方から送られてくる樽入りの酒は、霊岸島と箱崎の堀江、新川にある酒問屋に納められた。

日記の酒は下り酒の剣菱、白鶴などのほか、江戸の隅田川諸白《もろはく》・宮戸川、美濃の養老酒などがある。当時江戸でもっとも評判の酒は剣菱とされ、『八犬伝』や『椿説弓張月』な

図15　滝水の商標（『集古会誌』一九〇五年一月）

どで知られる戯作者曲亭馬琴も好んだ酒である。しかし、隠居後の大殿様の住む江戸下屋敷では滝水との記録が多い。この滝水という酒は『集古会誌』の商標からみると剣菱と同じであり、剣菱と滝水とは同じものだったらしい。ちなみに、現在の剣菱の商標の横には滝水と書かれている。

　このほか博多練酒や泡盛、焼酎もかなりの頻度でみられる。博多練酒は『蔭凉軒日録《いんりょうけんにちろく》』（一四五三～九四年）に、泡盛は諸国の産物をあげた『毛吹草』にある古くからのもので、琉球の泡盛や砂糖泡盛のほか焼酎も多く全酒類の三分の一を占めている。これは焼酎の産地鹿児島や宮崎を控えているため稲葉家でも日常的に用いていたらしい。船旅の寄港地であった福山鞆《とも》の浦の保命酒や名酒九品も江戸や臼杵への土産としている。また、『御会所日記』の江戸初期には『合類日用料理抄』（一六八九年）や『本朝食鑑』（一六八九年）などにある豊後名産の麻地酒や葡萄酒、桑酒、菊酒、楊梅酒、忍冬《にんどう》酒などがかなりみられるが、享和以降の奥日記にはほとんどないところをみると、江戸中期以降これらの酒は次第に消えていったと思われる。

中世には茶を飲む風習はまだ定着しておらず、食事のあとには湯を飲んでいた。茶は僧侶や貴族など一部の階層のものであったのが、次第に一般へと広まったのは中世末期になってといわれている。

お茶と海苔

茶葉を売る店は、江戸初期の元禄三年（一六九〇）『江戸惣鹿子名所大全』に三軒みられるが、それ以前にも茶を飲ませる茶店は『東海道名所記』などにもあって、江戸初期にはかなりの店があったとされている。この茶店というのがくせもので、茶店の構えでありながら売春を行うところもあったらしく、茶屋女については規制がたびたび出された。

日記の茶は、享和二年「国元の茶」とあるのが最初で、その後次第に多くみられるようになる。文化三年ころからは年始や暑中見舞い、仏前や朦中《もうちゅう》見舞い、類焼見舞いなどに用いられるようになる。さらに文化四年には宇治茶、そして山本山が江戸に出店した天保七年（一八三六）の二年後には、評判を聞いてか山本山の茶を求めている。

干海苔は、享和の初めからよく出てくるので、かなり流通していたらしい。たとえば享和元年（一八〇一）の年賀や寒中見舞いとして、そして年とともに次第に増えてくる。浅草海苔という名の初見は文政四年（一八二一）である。

砂糖と塩

砂糖がわが国に伝えられたのは奈良時代のことで、そのころは薬として扱われるほど貴重であり薬屋で売られていた。その後、南蛮貿易により大量の砂糖が輸入されるようになり、その甘い味を知った人々を中心に砂糖の需要が高まった。外国から砂糖を購入するために、国内の貨幣が流出し、これに困って国産の砂糖づくりが奨励されるようになった。

浜御殿（現、浜離宮）で砂糖きびの栽培が始められたのは、享保十二年（一七二七）のことである。日記には、文政十二年（一八二九）「吹上御庭に出来砂糖、浜御庭に出来塩」という記事がある。砂糖は吹上御庭すなわち現在の皇居において、浜御庭すなわち現在の浜離宮では塩も作られていた。塩の産地赤穂の塩の記録もある。

醬　油

醬油が文献上に初見されるのは室町末期とされるが、天明七年（一七八七）の飲食案内『七十五日』に醬油を売る店が二軒みられ、それまで家内工業的に作られていたものがこのころから商品となったようだ。しかし、一般に醬油が使われるようになったのは江戸中期以降とされている。それ以前は、さしみを食べるにも煎《いり》酒《ざけ》という古酒に削り節、梅干し、たまりを入れて煮詰めて作ったものを用いていた。たまりとは味噌から出る液をいい、これが醬油の前身ともいえる。

臼杵における醤油は、『古史捷』の文化九年（一八一二）に「醤油手絞り小売の願、勝手次第……」とあるが、日記の醤油についての記録は少ない。文久二年（一八六二）御用達商人から四国宇和島で作られた宇和醤油五升が献上されているところをみると、宇和島では贈答に使われるよい醤油が作られていたのかもしれない。日記では、明治二年（一八六九）になってさしみに生醤油が使われている。

その他　海草では松前昆布、水前寺海苔、伊勢ひじき、出雲わかめなど、また秋田の稲庭うどん、伊予そうめん、吉野葛、大坂の金山寺みそ、尾張みそ、薩州酢などの名がある。

これらは現在でも名産として受け継がれているものがほとんどで、列挙しているとさながら諸国物産展といった感がする。輸送の方法が限られていたにもかかわらず、改めて江戸時代の広範な流通におどろかされる。

行事や儀礼の菓子　日記の三分の二が江戸屋敷であり、奥という女こどもの住まいの記録であるという点からして、菓子についてはとくに詳細に記されているようにみえる。

行事にかかわる菓子では三月三日の雛菓子、五月五日の柏餅・ちまき、六月一日の氷室《ひむろ》、

図16　加増餅の商標（『集古会誌』一九〇九年三月）

八月一日の藤の花餅、彼岸や冬至などの牡丹餅、べったら市の切山椒《きりざんしょ》などがある。

儀礼では葬儀や法事によく用いられた焼饅頭（しのぶ饅頭）のほか、武家らしいものとして禄高が増えたときの加増餅《かぞうもち》もある。加増餅は『江戸名物詩』初編（一八三六年）のころ売り始め、赤坂の町々が賑わったことが記されているが、加増餅の初見はこの五年後の天保十二年であって、皮肉なことにこのころから幕藩体制の崩壊が始まった。

有卦《うけ》のふの字菓子というものも幕末に多くみられる。有卦には「ふ」のつく七品を贈る風習からふのつくものを菓子に仕立てて贈ったらしく、金沢丹後の『江戸菓子文様』にも経木《きょうぎ》で作った有卦船の上にあるへいとうや雲平《うんぺい》、落雁、饅頭などを置いた例がある。また「ふ」のつくもの、たとえば福寿草、富士山、二股大根、福助などに形づくった菓子なども作られた。この儀礼は大正時代まで行われていたが、関東大震災以後すたれたとある。

南蛮菓子では、かすていら、金平糖、丸ぼうろ、あるへいとう、かるめいら、南蛮焼菓子などであるが、この中ではかすていらがもっとも多い。かすていらは『御会所日記』の延宝八年（一六八〇）に乗船する家臣に対して贈られており、これは全国的にみても古い記録である。オランダ菓子というのもあるが、オランダ通の中津藩奥平昌高公よりの贈物である。

江戸の名物菓子

江戸の名物菓子としては、目黒不動の飴、餅花、浅草の金竜山餅、雷おこし、三田魚籃《ぎょらん》観音の魚籃餅、永代橋詰めの永代団子、吉原の竹村巻煎餅、芝神明の太々餅などがある。江戸発祥とされる菓子では桜餅、助惣焼、大福餅、きんつばの原形とされるみめよりなどがみられる。桜餅は隅田川のほとりの長命寺門前の「山本屋」が享保二年（一七一七）に創製したといわれているが、奥日記より前の臼杵藩江戸詰め家老の日記と思われる中に、寛延四年（一七五一）四月に桜餅がある。江戸で流行の菓子をさっそく求めたのだろう。

桜餅については曲亭馬琴の『兎園《とえん》小説』にある「文政七年（一八二四）に漬け込んだ桜の葉が七十七万枚……」がよく引用されているが、実際に桜餅を食べた記録は臼杵藩のものが古い。

図17　芝神明の太々餅の商標（『集古』一九三九年一月）

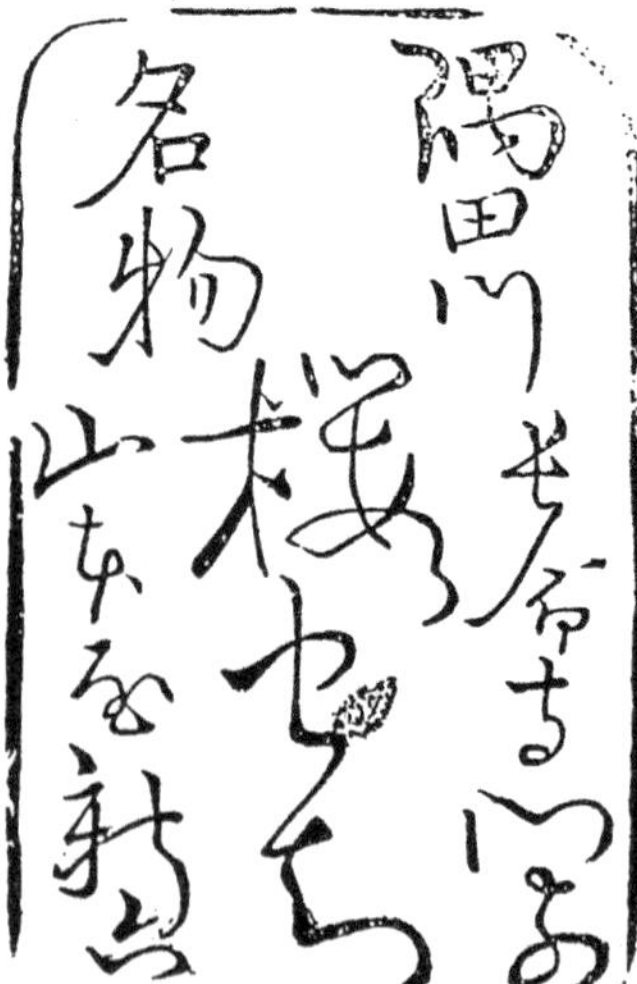

図18　桜もちの商標（『集古会誌』一九一一年一月）

江戸の菓子屋

武家や社寺では、それぞれ御用菓子屋を決めていた。幕府に菓子を納めていたのは『武鑑』によれば延宝三年（一六七五）大久保主水《もんど》が最初である。さらに元禄になると飯田町の虎屋、宝永元年（一七〇四）以降は本町の桔梗屋河内（大掾《だいじょう》とも）の三軒がつとめるようになり、文化六年（一八〇九）には鯉屋山城が加わり四軒に、天保十四年（一八四三）には虎屋に代わって長谷川織江、宇都宮内記が入り五軒に、嘉永七年（一八五四）からは鯉屋に代わって金沢丹後が御用を勤めている。菓子の需要の増大につれて御用菓子司は一軒から五軒に増えたが、これは需要の増大を賄いきれなくなったのが大きい要因であると思われる。

その桔梗屋の天和三年（一六八三）の菓子目録がある。この中には一六九種（同名二種）の菓子名がある。菓子を店で売るようになったのは、『日葡辞書』（一六〇三年）に饅頭屋とあるのが古く、その八〇年後の桔梗屋ではさまざまな菓子が売られていた。といっても桔梗屋は大名家などの御用菓子司であり、享保ごろ（一七一六〜三六）の江戸名物を記した『続江戸砂子温故名跡誌』にある主な菓子はまだ饅頭、餅、せんべいしかなかった。

日記には一八〇〇年代の菓子がたくさん記され、寺社まいりの土産として目黒の粟餅や飴、餅花、浅草の雷おこしや金竜山餅、長命寺の桜餅、芝神明の太々餅、深川八幡の船橋

図19　江戸深川菓子屋の様子（『菓子話船橋』）

屋の菓子、魚籃観音の魚籃餅などがある。また、御用菓子司では紅谷志津摩の薄皮饅頭、越後屋播磨の餅菓子、本町の鈴木越後、麹町の鈴木兵庫、照降町の翁屋、お屋敷近くでは芝口の鯉屋、西久保の壺屋出羽掾など『江戸買物独案内』（一八二四年）にみえる菓子店が頻出している。

庶民的な菓子としては麹町橘屋の助惣焼、吉原巻煎餅、丸山かるやき、堺丁しんこ餅、かげかつ団子などのほか宇田川町の蟹屋のおはぎ、赤坂御門前の万文の加増餅、吉原の甘露梅もある。助惣焼は助惣ふのやきともいわれ、延宝ごろの『国町の沙汰』や『江戸惣鹿子』にもある菓子である。嘉永末期までみられるので、息の長い名物菓子のひとつだったが、現在は絶えている。

みめよりはきんつばの原形とされていて、浅草の西仲町の加賀屋のものが有名だったが日記には三田のみめよりが多い。三田でも作られていたほか浅草で求めたともある。

歌舞伎や芝居にちなむ団十郎煎餅、宗十郎煎餅もある。団十郎煎餅は『江戸買物独案内』にあるが、日記にはその前年に出現していて、そのころ流行だったたと思われる。

かげかつ団子は上杉謙信の甥、上杉景勝の名にちなむ菓子である。飲食案内の書『七十五日』（一七八七年）には桜田肥前町の丹波屋嘉兵衛という店で売られていたとある。日記には享和二年（一八〇二）から文政十年（一八二七）まで数回みられるが、その後はない。

各地の名物菓子

各地の名物菓子としては、まず大坂虎屋の饅頭と小倉《おぐら》野をあげねばならない。大坂虎屋の饅頭は『富貴地座位《ふきじざい》』下巻（一七七七年）や『摂津名所図会《ずえ》』（一七九八年）にも名店としてあげられ、饅頭切手（商品券）も出されたほど有名であった。また紀州和歌山の商家の女房の日記『日知録』の寛政三年（一七九一）にも、大坂からの土産や歳暮に用いられている。小倉野は『菓子話船橋』（一八四一年）の著者が好きな菓子としてあと書きにあげたほどどちらも有名な菓子であった。また大坂末広糖、大坂ぎゅうひなどや、京都の菓子、大坂の菓子と記されたものも多い。大坂の菓子が江戸の記録に見られるのは、参勤交代をはじめ人々の行き来がかなり多く、途中の名物を手土産にしたことを示している。

甲州産月の雫《しずく》という菓子が天保六年にある。現在、ぶどうを使った同名の菓子が山梨県にあるが、同じものだったのだろうか。この菓子は『馬琴日記』の嘉永年間にもみられる。そのほか会津水飴、越後粟飴、加賀らくがん、麦らくがん、神奈川の亀甲煎餅、浦賀水飴、浦賀餅菓子などのほか、参勤途上のものとしては勢州の練羊羹、京都白雪こう、雪月花、あるへい、五色羊羹やぎゅうひ昆布など、さらに明石の煎餅、備中矢掛のゆべしなどもみられる。

九州のものとしては肥前の砂糖漬け、博多煎餅、熊本の朝鮮飴、かせいた、薩摩製かすていらなどが、国元のものでは中津丸ぼうろ、中津飴などがある。また、唐菓子に由来する一口香《いっこうこう》もある。

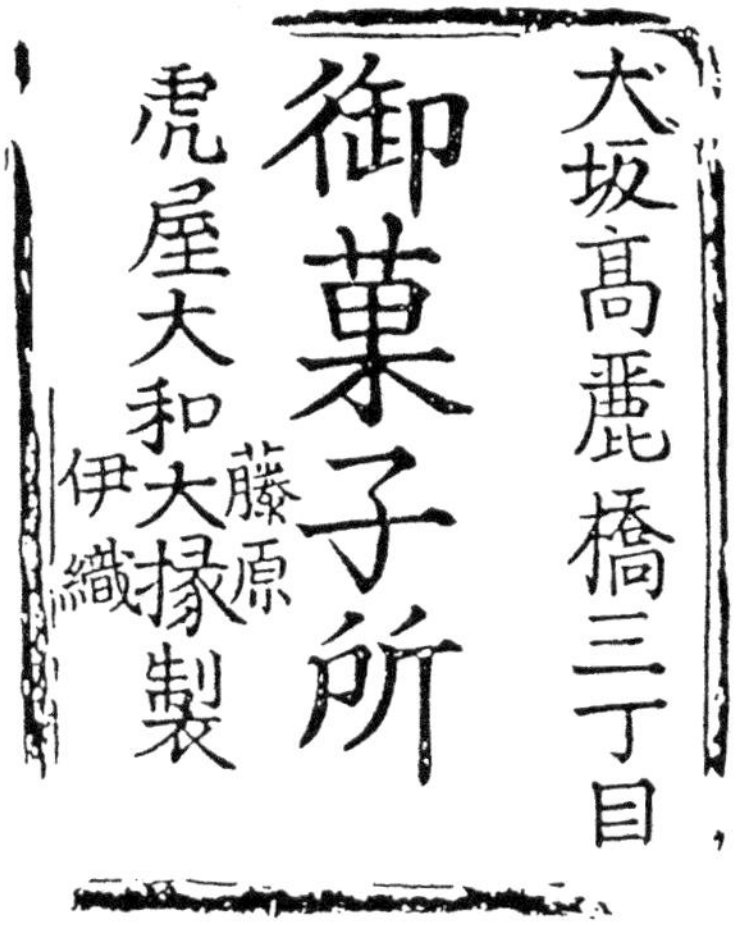

図20　大坂虎屋の商標（『集古』一九三四年三月）

大分の菓子

やせうまというおやつがある。幅広い小麦粉麺にきなこをまぶした素朴なものである。その名の由来は『喜遊笑覧』によれば、しんこ馬というしんこ細工があって、このしんこ餅（白糸餅とも）を後にやせうまと呼ぶようになったとある。大分市の『岡本家文書』の享和二年（一八〇二）には茶の子として用いられているのをはじめ、臼杵藩では文化六年（一八〇九）、産婦への見舞いに用いられている。

三笠野は竹田市の銘菓である。竹田市の老舗但馬屋は岡藩の御用菓子司であった。お城へ菓子を納める折の装束の長袴が保存されている由緒正しい老舗である。この菓子が臼杵の文久二年（一八六二）に記録されており、竹田の後藤氏が献上したとある。このころから竹田の銘菓だったようだ。

中津のぼうろについては、中津藩奥平家から稲葉家十三代幾通《ちかみち》に嫁いだ鈼子《さくこ》姫に対して、郷里の産品が江戸へ届けられた中に見られる。天保六年（一八三五）のことである。中津巻柿の記録もある。柿は耶馬渓周辺に多くとれたものを干し柿にし、これを巻いて作る素朴な菓子である。巻柿は天保十四年に見られる。これも、中津名物のひとつである。

手作りの菓子

手作りの菓子もたくさんある。もっとも多いのは白玉餅、次いで唐饅頭、かすていらなどである。このほか、かすてら巻き、がん木菓子、砧巻《きぬたまき》、葛切り、葛饅頭、薯蕷《じょよ》饅頭、焼饅頭、桜餅、雪餅、わらび餅、栗粉餅、藤の花餅、けいらん、朝鮮飴、みめより、焼煎餅、羊羹、らくがんなどが屋敷内で作られた。

かすていらは文政十年（一八二七）から天保にかけて十数回作られている。かすていらの作り方は、上下から焼く方法と蒸す方法の二通りがあるけれども、江戸時代に上から火をあてるのは大変なことだった。『料理早指南』（一八〇五年）にかすていら鍋の図があるので、このころにはかなり作られるようになっていたらしい。

江戸と臼杵の菓子

享和から嘉永末まではほぼ江戸屋敷の日記であり、その後のほとんどは臼杵であることは前にふれた。江戸と臼杵を比較する場合、その屋敷に誰が住んでいたかによって儀礼などは大きく異なるため、大まかな傾向を把握するしかない。ここでは、食品の中でもっとも差のある菓子について述べたい。

臼杵では江戸に比し菓子の数、量ともに少ない傾向がみられた。臼杵で多かったのは、汁粉、ぼた餅、餅菓子である。このときの餅菓子の詳細はわからないが、『御会所日記』の寛保三年（一七四三）には客人へのもてなしに、まされようかん、薯蕷餅、山吹饅頭、豆の粉餅、鶉焼などが出されているので、臼杵でもいろいろな菓子が作られていたようだ。しかし、このような菓子が使われるのは特別な場合で、ふだんは煎餅や饅頭といった菓子でさえもあまり多くない。たとえば、嘉永二年三月慶昌院（観通実母）と善之丞（のちの久通）、竹姫（のちの久通室）が三人でわらび取りに出かけたときのおやつは、焼飯（焼おにぎり）と煮しめである。

これに対して、江戸では前にふれたように流行の菓子、名物菓子が随所にあり、その頻度も臼杵とは比べ物にならないほど多い。たとえば、菓子の記録総数でみると臼杵の約二倍、かすていらは江戸では年平均六回弱であるのに対し、臼杵のそれは〇・七回でしかない。臼杵では安政二年（一八五五）に羊羹、いまさか餅を姫路屋という菓子屋に注文している。江戸に比べるとはるかに店の数も少なかったと思われる。

おたの

日記には「おたの」ということばがたびたび出てくる。「お楽しみ」の女房ことばで、「おやつ」の意味に使われている。弘化三年（一八四六）江戸役所にはとくに多い。そして於竹《おたけ》殿用とある。於竹とは十四代観通の妹五歳の竹姫で、生後まもなく臼杵城から江戸へ移った姫君である。五歳のこどもには毎日おやつの必要があったようだ。たとえば菓子類は四日に一度、すしは一〇日に一度、蕎麦とさつまいもは一五日に一度程度買っている。これら買い求めた菓子のほか手作りのものもあったので、ほぼ毎日おたのが用意されていたことになる。普段のおたのの一回の購入量は、金額にしておよそ一〇〇文から三〇〇文ほどで饅頭ならば五個、煎餅は一〇枚程度であった。

弘化三年、秋月様が来られたときのもてなし用の菓子は羊羹、紅うば玉、蕎麦饅頭各三つ宛、一五人前が壺屋に注文されていて、客人への饗応にはずいぶんたくさんの菓子が使われた。

物の値段

役所の日記には、餅つきや赤飯などの手配や間食の購入について詳細に記されている。食べ物といっても、穀類や魚、野菜など日常的なものの購入の記録は御膳所または御台所で行っていたのか、役所には記録がない。弘化三年、江戸役所の記録から物価についてみよう。

まずすしである。すしは月に三回程度取りよせている。松のすし、玉すし、常盤すしがほとんどで、なかでも好みの店があったらしくお屋敷の近く二葉町の常盤すしが多い。一回のすしの購入金額は一五〇～三〇〇文とあるが量ははっきりしない。

初物好きな江戸っ子は、「初物七十五日」といって初物を食べると寿命が七五日延びるとして競って求めたらしい。初鰹を好む風習もそうした中から生まれた。天明ごろは、高い初鰹にこそ意義があるとして、黄表紙『作意妖恐懼感心《みたてばけものおそろしかんしん》』には「銭の刺身を食うように見ゆる……」と書かれている。しかし、この風潮も天明期を境として次第に薄れ、化政期には落ち着いてきた。江戸時代には関東では五月にならないと鰹が手に入らなかった。鰹の出現について月別にみると、六月にもっとも多く、次いで四月、五月、一月から九月までの間に多いが、塩鰹であったかもしれない。「目には青葉　山ほととぎす　はつ松魚《がつを》」という山口素堂の句で知られる初鰹であるが、旧暦では青葉の初鰹のシーズンは四月、五

表9　江戸役所の日記にみる物価（弘化3年〔1846〕）

食　品　名	1回注文量	1回の金額	単　価
常盤すし	1重（60）	550文	1こ約9文
うなぎ	7串	32文	1串 4.5文
鯛1・蚫2		350文	
かつお	1本	750文	
かつお節	5本	512文	1本 102文
お　重	2重	350文	1重 175文
幕の内		200文	
蕎　麦		150文	
高麗煎餅	10枚	100文	1枚　10文＊
金平糖	(210g)	200文	1斤 570文＊
時雨まん	（4～5こ）	150文	1こ　33文＊
ぼた餅	（4～5こ）	150～200文	1こ　40文＊
かる焼	2斤	2朱（500文）	1斤 253文＊
出島煎蜜	1斤		1斤 453文＊
氷おろし	1斤		1斤 987文＊
夏菊・あじさい・ほうずき	(寺参詣)	100文	
女郎花・桔梗	(盆用)	305文	

注　＊参考文献「大坂虎屋直段附」（弘化元年〔1844〕）.

月であろうし、鰹の出盛りは六月ごろだったといえるだろう。日記の弘化三年には一本七五〇文とあるが、同じ年の山東京伝の『蜘蛛《くも》の糸巻』には一本二両二分とある。後者には誇張があるように思える。

うなぎが高級となったのは江戸後期からで、『守貞漫稿《もりさだまんこう》』（一八五三年）には名店の深川屋と大坂の鳥久は「得意の人でなければ、現金を積んでも金持ちでも売らない。また、自分の心に合ううなぎの無いときは数日でも休む」と心意気を示したらしい。蒲焼きの値段は、弘化三年で七串が三二文とある。

さつまいものことを大分では今も唐《とう》いも（と芋とも）という。この唐いもがおやつとして多出する。焼き芋だったと思われる。焼き芋は寛政（一七八九〜一八〇一）ごろ、江戸に栗（九里）よりうまいとして八里半の行灯をかけた店がはじめとされている。文政八年（一八二五）九月には大殿様が神田明神へ行ったときお子様へ、文政十年十一月には奥女中への土産に買っている。大名家でも普段のこどものおやつに焼き芋を買っていた。その値段は弘化三年では一回に五〇〜一〇〇文ほどであった。

おやつには菓子が多く用いられている。菓子は一回に一五〇〜二〇〇文ほどであった。天保八・九年（一八三七・三八）ごろの生麦村の庄屋の「関口日記」には、一回のおやつ

表10　江戸時代の商品券

項	店名	年	西暦	文献名
饅頭切手	虎屋(大坂)	安永 6	1777	富貴地座位(浪花)
	—	寛政 3	1791	日知録(和歌山)
	—	天保13	1842	鍾奇斉日々雑記(大坂)
	—	嘉永 4	1851	小梅日記(和歌山)
羊羹券	駿河屋	安政 6	1859	小梅日記(和歌山)
	—	安政 6	1859	小梅日記(和歌山)
	—	万延 2	1861	小梅日記(和歌山)
小倉野券	虎屋(大坂)	天保13	1842	鍾奇斉日々雑記(大坂)
肴切手	—	文政 8	1825	日知録(和歌山)
	—	嘉永 2	1849	小梅日記(和歌山)多出
	—	慶応 3	1867	小梅日記(和歌山)多出
うなぎ切手(蒲焼切手)	—	文政12	1829	馬琴日記(江戸)
	—	天保 3	1832	馬琴日記(江戸)
	—	天保14	1843	臼杵藩祐筆日記(江戸)
	—	〜嘉永 6	1853	臼杵藩祐筆日記(江戸)
鰹節切手	—	天保 7	1836	西山
酒券(切手)	—	文政 8	1825	日知録(和歌山)
	剣菱	文政10	1827	馬琴日記(江戸)
	—	天保 2	1831	関口日記(横浜)
	剣菱	天保 3	1832	馬琴日記(江戸)
	—	弘化 3	1846	臼杵藩祐筆日記(江戸)
	—	嘉永 2	1849	小梅日記(和歌山)多出
	—	〜慶応 3	1867	小梅日記(和歌山)多出
醤油切手	—	文政10	1827	馬琴日記(江戸)
炭切手	—	嘉永 2	1849	小梅日記(和歌山)

の金額が一〇〇文とある。これについての量的な記載はないため、比較はむずかしいが、菓子の購入頻度は圧倒的に稲葉家の方が多い。丸山かる焼が一度に二朱（五〇〇文）注文されたことがあるが、これは盆の東禅寺への供物である。

花の値段について、側女中が寺参りしたときの夏菊・あじさい・ほおずきの値段は一〇〇文、盆用の女郎花・桔梗は三〇五文である。

商品券としての切手

現在の商品券にあたる「切手」というものは、江戸時代すでに業種別に発行されていた。最初の「切手」は安永六年（一七七七）大坂虎屋の饅頭切手である。大坂虎屋では饅頭だけでなく、小倉野という菓子切手や紀州駿河屋の羊羹券も出されていた。しかし、江戸では菓子の切手はみられない。

江戸で多いのはうなぎ切手・うなぎ手形である。日記における初見は天保十四年（一八四三）のうなぎ切手である。以後年一回程度見られる。江戸では、菓子よりもうなぎだったらしい。うなぎ手形は『馬琴日記』の文政十二年（一八二九）にもすでにある。うなぎのほか江戸では酒切手、醬油切手などがあった。

臼杵の郷土料理

黄飯とかやく

臼杵には黄飯《おうはん》とかやくという料理が伝えられている。黄飯はくちなしで色付けした飯で、かやくとは大根、豆腐と白身の魚を使ったけんちん風の料理である。昔は黄飯にかやくをかけたりしてセットで食べられていた。かやくという料理は、江戸時代の『南蛮料理書』にある「なんばん料理」とよく似ている。「なんばん料理」では鶏を丸ごと煮込むのに対し、「かやく」では魚のえそを丸ごと煮込むのである。鶏を食べることに抵抗を感じた日本人が鶏を魚に変えたものと思う。江戸以前の臼杵には、キリシタン大名の大友宗麟がいたし、教会もあったという。黄飯・かやくはポルトガル人宣教師たちが伝えた南蛮の料理が和風に変化したものだと思いたい。

この黄飯・かやくが江戸屋敷にたびたび出てくる。雍通《てるみち》公がお好みだったとみえ隠居後の江戸下屋敷にとくに多い。また、黄飯は祇園祭や病気見舞いなどにも用いられているほか、鳥羽屋という料亭の主人に二度も食べさせている。自分の好きな郷土の料理を披露したかったのだろう。

南蛮漬けという記事もある。南蛮趣味の中津藩奥平氏よりの贈物である。

ほうちょう

ほうちょうという麵料理のことである。『西遊雑記』(一七七五年)には「豊後国分寺の小院で宿の主人の馳走に出された」とあり、大分の各地で作られていたらしい。『喜遊笑覧』には「昔、大友宗麟公の領地に菊池肥後守が客人として来られたとき、あわびの腸を汁にして出そうとしたが、しけであわびがなく、小麦粉をこねてあわびの腸に似せて差し上げた」とある。また、『徳用食鑑』には豊後のほうちょうと紹介されている。

ほうちょうは江戸屋敷でも作られたらしく、天保四年(一八三三)をはじめとして数回みられる。安政二年(一八五五)の臼杵米山屋敷には、養子縁組をした善之丞とその妹竹子と母慶昌院が住んでいたが、竹子姫の誕生日に「ほうてう」で祝っているともある。

鯛とろろ

鯛とろろは、鯛のすり身をだしでのばしてみそ味をつけたもので、具にはごくごく小さいさいの目切りの豆腐、椎茸を入れる。この料理が、臼杵役所の万延元年（一八六〇）「江戸表御大礼御定日ニ付祝」として作られており、現在でも臼杵に受け継がれているが、鯛の代わりにえそなどが使われている。

雉子のおすまし

雉子《きじ》のおすましは、臼杵で明治から大正のころまで作られていたが、狩猟の制限や資源の減少によって今ではみられなくなってしまった。

この料理が文政十年（一八二七）の江戸下屋敷ほか二回、臼杵では二〇回以上もみられる。きじ、大根、ごぼうを細切りにし、水を入れた鍋に入れてひと煮立させ椀に盛り、せりを放ち、各自が焼き塩で味付けするものである。

埋豆腐

埋豆腐《うずみどうふ》という料理は江戸時代の料理書に二通りあって、ひとつは和紙に包んだ豆腐を熱い灰の中に埋めて作るもので、他のひとつは湯豆腐風のものに大根おろしと飯をのせるというものである。臼杵に伝わる埋豆腐は日田出身の大蔵永常《おおくらながつね》の書『徳用食鑑』にある後者である。臼杵では毎年十二月二十八日に誓文払《せいもんばら》いといってその年の貸し借りを精算する日であり、この日に埋豆腐を食べる習慣があった。ごはんに豆腐を埋めるという意味らしいが、一年のうそを埋め込んでしまおうと考えたようである。

埋豆腐は文政六年の江戸下屋敷ほか江戸で数回みられる。

鯛めん

鯛めんという料理は鯛の名産地瀬戸内海各地にみられる料理である。大きな鯛を煮て大皿に盛り、周囲に素麺をあしらい鯛の身をほぐしながら素麺とともに食べるのである。長崎にも鯛麺があるが、これは中国風で鯛の揚げ煮を使う。大分では現在でも鯛麺を作ることがあるが、県北では「対面」の意をかけて婚礼によく出されたという。この鯛めんは安政二年（一八五五）殿様が臼杵に帰ってこられたときの着城祝いの献立の中にある。鯛麺はハレの料理であった。

麦酒

麦酒《むぎざけ》と書くとビールを連想するけれども、臼杵の麦酒は麦で作った甘酒である。近年はあまり作られなくなったようであるが、昭和初期ごろまでは冷たくして夏の飲み物として好まれたらしい。米の甘酒に比べてさっぱりしているという。麦酒は天保八年（一八三七）、江戸下屋敷の側女中が宿から帰ったときの手土産として献上されている。下屋敷の大殿様は珍しいもの好きであったことを側女中もよく知っていた。

隠居後の気ままな生活

雍通《てるみち》が家督を譲ったのは四十四歳のことであった。それまでの束縛された生活の反動とも思えるような自由な生活が始まった。ここでは、主に隠居後の雍通の下屋敷の記録から寺社参りや花見、交遊などについてみよう。

寺社参り

文政四年（一八二一）三月、浅草三社権現の四二年ぶりのお祭り渡りが行われ、大殿様が参詣した。また、神田と山王の二大祭礼は天下まつりともいわれるほど賑わい、みこしや行列の通る道筋の家々を借りて見物することが通例のようであった。また、見物だけでなく祭礼の日には酒・肴相伴とか、側女中たちへまで酒や料理が振る舞われた。

山王祭礼について次のような記録がある。文政六年六月十四日、日本橋通り四丁目の辰美屋という水茶屋の二階を借り切って大殿様が見物をし、翌日には姫君のために銀座三丁目の帯屋を借り切った。天保十一年（一八四〇）には、奥様の山王参詣の身支度に五節句着用とある。五節句の衣装とは正月などと同じく小袖の上に打ち掛けのようなかいとりを着、髪形はかもじをつけたものである。祭りにも格式があったらしい。

年々華やかになった祭りに対して天和三年（一六八三）、練物や人形の装束、供の者の華美な衣類などが禁止されるお触れがでている。また享保六年（一七二一）には祭りの経費節約令が出されているが、あまり効果はなかったらしい。さらに天保十一年には再び町人の服装華美を禁止するお触れも出されている。誠感院（観通室《あきみち》）が山王より西久保普門院へ遊山に出かけたときには、一一人の附人を従えている。奥方やこどものお出かけといっても大変なことである。

神田祭礼については次のような記録がある。文政四年九月、大殿様が供の男衆四人を連れ祭礼見物のため常盤橋前池の尾茶屋の二階を借り切った。同じ日に側女中六人のために飯田町の足袋屋の二階を借り切っている。

赤坂氷川祭礼の場合も供一〇人を連れ、芹沢仲助方の二階を借りて見物した。謝礼は金

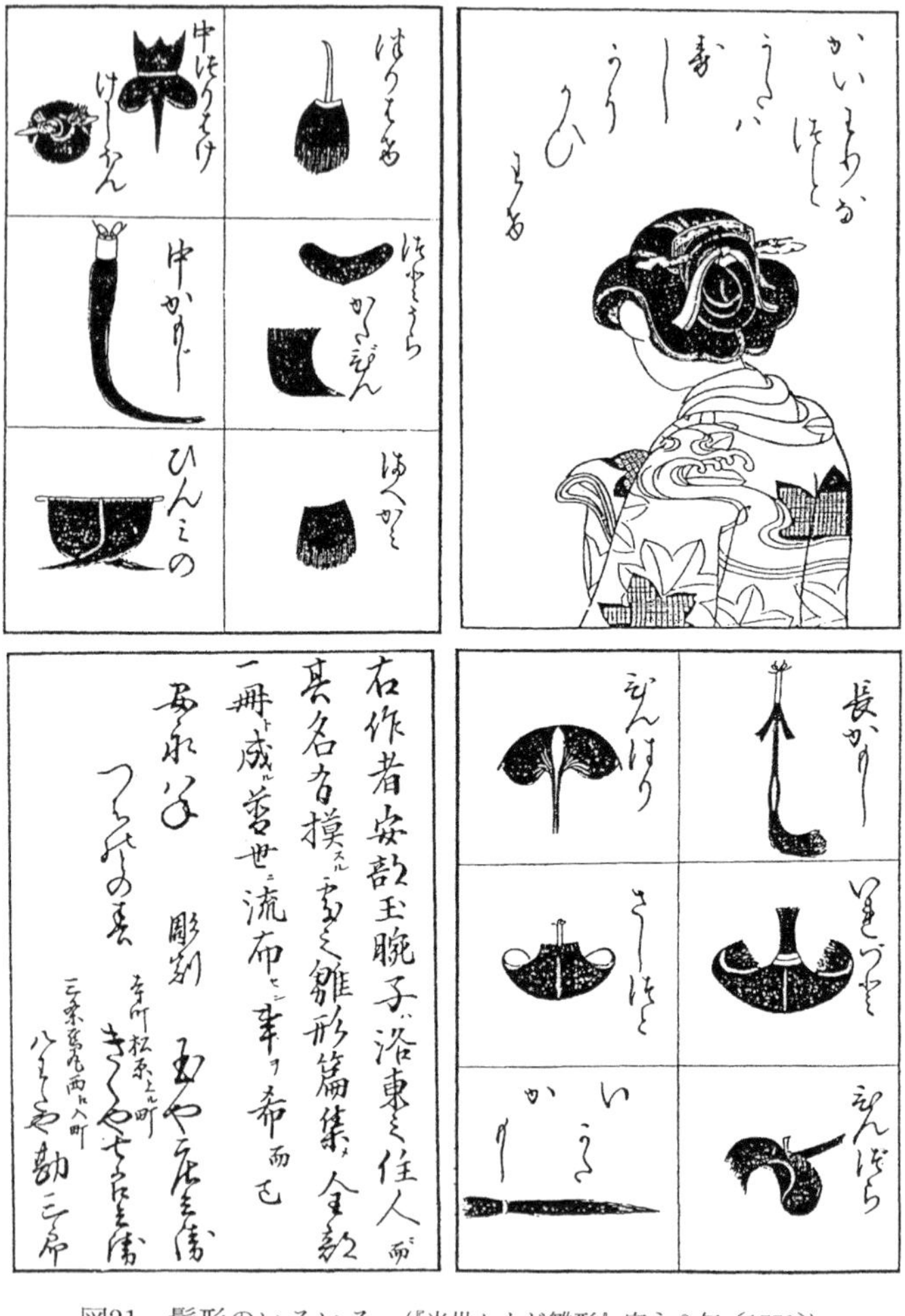

図21　髪形のいろいろ　(『当世かもじ雛形』安永8年〔1779〕)

三〇〇疋であった。このほかにも春日、鹿島の祭礼などへもたびたび出かけている。

芝神明はお屋敷に近い神社でもあり、当時は門前町には商店が並び、岡場所もあったりしてかなりの賑わいであった。とくに、九月十一日から二十一日までの秋祭りは有名で、生姜《しょうが》祭りともいわれ『江戸名所図会《ずえ》』にも人出の様子が記されている。祭りの期間が長いことからだらだら祭りともいわれていた。この祭りには、稲葉家の大殿様をはじめ側女中たちがよく出かけていて、お土産はきまって生姜とちぎ箱であった。参道の両側には生姜とちぎ箱の店が並んだという。『喜遊笑覧』にも「鮨、生姜、臼その外諸色市《しょしき》立つなり」とある。ちぎ（千木）箱は藤の花が描かれた小さな曲げ物の中に飴または大豆を入れたもので、厄よけとしてまた千木《ちぎ》が千着に通ずるとして、女子はちぎ箱を簞笥の中に入れて衣装が増えるのを願ったとされている。弘化三年（一八四六）九月、神明の祭りに誠感院と竹姫が参詣したとき、神明前の人形店で人形を買ったとある。『江戸買物独案内』（一八二四年）に大門通りの雛人形店茗荷屋茂兵衛とある店かもしれない。

また文政八年（一八二五）十一月には、大殿様が神明角力《すもう》（相撲）を見物したとの記録がある。わが国の相撲は正保二年（一六四五）、勧進相撲として京都で一〇日間興行されたのが最初である。それ以前にも庶民の楽しみとして小規模のものは行われることがあったらしいが、以後次第に江戸へも広まり、天和ごろには深川八幡の境内で行われたことが知られている。天明元年（一七八一）には本所回向院《えこういん》の大相撲が大繁盛となり、あちこちの寺社でも行われるようになり、芝神明宮でも相撲の興行を行った。娯楽の少なかった当時、相撲は大変な盛況で、農家や商家なども相撲を行ったりしてたびたび禁令が出ている。それは、賭博《とばく》などにつながるものだったためらしい。寛政三年（一七九一）以降のことであるが将軍も吹上苑で何回か相撲見物をしている。

愛宕《あたご》の四万六千日《しまんろくせんにち》詣でをしてほおずきを買ったとの記録もある。弘化三年（一八四六）にもほおずき一〇〇とある。四万六千日とは千日参りともいい、この日一日参詣すれば四万六千日参ったのと同じ御利益《ごりやく》があると信じられていた。『東都遊覧年中行事』にも「芝愛宕千日参り賑わう」と記されている。

浅草寺へはたびたび出かけた。弘化三年閏《うるう》五月誠感院が浅草寺へ出かけた折の詳しい記録からみよう。まず新橋まで行き、午前七時山崎屋から隅田川を上った。屋形船と供の船が続いた。船中用の毛氈一〇枚、ろうそく七〇丁などの準備もしている。船中のお菓子は羊羹、梅の雪、松の雪を有名な菓子司鯉屋で調えた。昼は浅草すが町の越後屋でうなぎを召し上がり、それから観音様へ参り土産を買って帰路についた。帰りの船中御用として菓子みめよりを一一〇、土産としては下屋敷用に仕出しで有名な万文の一尺の折詰を、慶昌院様へはうなぎ一尺折、殿様と於竹様へは花火と手遊び、お留守女中へは髪ざしを用意した。そして、両国橋通りの料亭亀清へ寄って御夜食をあがった。夜食といっても現在の夕食に相当し吸物、酒、口取、刺身、大平《おおひら》、茶碗物、その他御膳として御平《おひら》、御汁、御皿、御香物であった。亀清でも土産としてちらし五目すし二〇人前を買っている。途中あいにく雨となったので、稲荷橋で船を上り、お忍びの駕籠に迎えられてお屋敷へ帰った。供の者を含め総勢三〇人である。お帰りは午後四時だった。

大殿様は浅草の酉《とり》の市へ毎年のように出かけている。女中たちへの土産には髪ざしが多く、熊手の髪ざしというのもある。また文政八年（一八二五）には雷おこし、白雪おこし、弘化三年には留守の女中と医師へ虎屋饅頭五四と金竜山餅三つ宛とある。いずれも名高い店やその商品である。

文化元年（一八〇四）に刊行された『料理早指南二編』には、花見や船遊びの弁当用の重詰料理や夜食が絵入りで解説されている。上流階級の人々が弁当を持って出かけるための参考書としてこのような本が必要だったのだろう。亀戸天神、深川八幡へもよく行った。それは深川に抱屋敷《かかえやしき》があったためもあろう。文化十一年、成田山・深川八幡へ出かけたときも、屋形船を借り切っている。

目黒へ参ったときの土産はきまって粟餅、飴、餅花などで、いずれも享保二十年（一七三五）の『続江戸砂子』のころからの名物であった。水天宮へは毎月五日に大殿様が参詣している。当時水天宮は芝の赤羽、有馬様の屋敷内にあった。

雑司ヶ谷の鬼子母神は痘瘡《とうそう》（ほうそう）の守護神として知られていて（『江都近郊名勝一覧』）、稲葉家からもこどもの病気回復の祈願に行っている。開帳にもよく出かけた。亀戸八幡（享和元年八月）、深川八幡（文化十一年四月と文政五年四月）、泉岳寺（天保七年四月）、中山観音稲荷（文政八年八月）、増上寺宝珠院弁天（文政十年四月）、箱根の金剛王院（天保十二年）などである。側女中たちも一日暇をとって出かけたりした。増上寺は柳営《りゅうえい》（徳川将軍家）の菩提寺である。将軍が墓参の際には、大殿様がその御成《おなり》を見物することもあった。弘化三年二月竹姫が増上寺へ出かけたときは、羊羹九四個、饅頭四五個を持参している。供を揃えてまるでピクニックのようである。

東禅寺は稲葉家の菩提寺である。ここには、歴代藩主および奥方、子女がまつられている。殿様や奥方が東禅寺参りをするときには供が一〇人ほど付き添った。弘化三年の例ではちらし弁当一〇人、重（おひたし、煮しめ、菓子）、供の者へは薄皮まん一人七つずつ、留守の者へは玉鮓《たまずし》のすしを用意するといった具合である。側女中たちも休暇を兼ねてたびたび東禅寺参りをした。

江ノ島土産の記録もある。土産には神奈川のおせん・亀甲せんべいとあり、そのころの名物のひとつだったようだ。

双　六

双六《すごろく》は正月だけでなく、娯楽のひとつとしてよく遊んだようだ。二月や八月などに「今日双六あらせられ」とある。享保ごろには道中双六などが盛んとなった。そして享保末期には双六による賭博も行われるほどだった。安政の地震の翌年には地震の双六が臼杵へ届けられ、また江戸名物を双六にしたものなどが考案された。国元への船旅では、毎日のように双六をたのしんでいる。

神楽・万歳・猿まわし

嘉永元年（一八四八）正月六日お屋敷に神楽が、続く七日には三河万歳がやって来た。また、正月にはあちこちの神社で神楽が行われた。お屋敷へは、正月以外にも初午《はつうま》や二の午に太神楽や二十五座神楽、太太神楽などが来た。三河万歳は三河や尾張から正月に家々を訪れたものである。万歳への謝礼には鳥目三〇〇文、白米三升を、そして吸物、数の子、酒を振る舞っている。

猿まわしもやって来た。殿様と奥様方が御覧になったこともある。娯楽の少ない当時のことであるから、きっと楽しまれたことだろう。猿まわしに対しては中白米二升、鳥目五〇〇文、みかん五〇がお礼に渡されている。正月に猿まわしがやってきた記録は、謝礼を渡す都合上からか、役所の記録のある文化十一年（一八一四）、天保九年（一八三八）、弘化元年（一八四四）などにも見られるので、毎年来ていたのではないかと思われる。

花　見　わが国には四季があるため、季節ごとに咲く花が目を楽しませてくれる。春一番に咲く梅は、めでたい花として喜ばれた。梅の名所、亀戸の梅屋敷へも出かけた。春の桜。江戸下屋敷は三四八〇坪の広大なものであったから庭には四季折々の花が植えられていたらしく、花の宴をしている。硯蓋《すずりぶた》、汁、猪口《ちょく》などの御膳を用意したり、すし、くこ飯におでんといった例もある。

桜のほか御内所のそばで牡丹《ぼたん》や藤の花、朝顔の花見もしている。萩の盛りには萩見、菊の季節には菊見をして例年夜食が用意された。上屋敷へ菊見に出かけたことや、紅葉の名所海晏寺へも出かけた。

花　火　こども向けの花火は日記の最初のころから夏によくみられるほか、花火見物の記録もある。花火については「揚火」とか「のろし」ともいわれた。

近くの薩摩屋敷ではかなり大掛かりな花火が行われたようで、それがよく見える料亭不老亭まで出かけたり、自宅の二階から見物したりした。

花火は事故や火事など危険を伴うため、たびたび禁止令が出された。寛文八年（一六六八）には、武家屋敷での花火を禁止している。薩摩屋敷の花火の記録は文政八年（一八二五）のことで、海浜地では許可されていたので島津家の田町屋敷だったのかもしれない。

両国の花火の見物には何回か行っている。初見は文政五年の下屋敷で、大殿様が出かけている。両国の花火が江戸の名物となったのは、享保十七年（一七三二）幕府が全国の餓死者の慰霊および悪疫退散を願って水神祭を行ったのに始まり、これが年中行事となったものである。花火船という見物の船も出て、その船を目当てに酒や菓子、果物などを売る船も出た。

鵜飼と釣り　夏には鵜飼へも出かけた。文化十年（一八一三）のころ大殿様（十代弘通）がよく出かけた。一年に数回も行ったこともある。

大殿様が玉川（多摩川）へ釣りに出かけたことがある。天保二年（一八三一）九月のことである。玉川の鮎については、延宝六年（一六七八）に江戸城へ上納されていたらしく、その名が知られていた。また、『江戸惣鹿子《そうがのこ》名所大全』には近在名物として「多摩川の鮎名高し」とある。大殿様はその後もたびたび玉川へ釣りに出かけている。そのころは鮎の住む清流だった。漁の鮎は土産としてお屋敷へ持ち帰られた。佃島《つくだじま》へも漁に行った。そして漁の肴を持ち帰っている。

見物　御成《おなり》を見物したことがある。御成とは将軍が墓参をしたり、家臣の家を訪問したりすることである。文政七年（一八二四）、隠居後の大殿様は増上寺への御成を見物している。藩主としてならばお役目があるところ、気楽な見物だったはずである。

また「てんてんてん毬てん手毬……」と童謡手毬唄にうたわれている紀州の殿様のお国入りを大殿様が見物したこともある。文政八年三月のことで、雍通《てるみち》引退後まもなくのことである。御三家でもあり、どんな行列か興味があったのだろう。

物見という記録が江戸屋敷にある。物見のために二階へということからして、江戸屋敷は二階建てであり、外を見渡せる部屋があったことになる。ここでオランダ人を見物したり琉球人の見物もした。文政五年「大殿様オランダ人御覧」とある。天保七年（一八三六）三月には「周防守様（中津藩主奥平昌高）へオランダ人参りニ付」とある。江戸へ参府したオランダ人は、幕府はもちろんのこと閣老へ贈物を持って挨拶回りをする習慣があったので、周防守宅への来訪に合わせて大殿様は見物かたがた出かけたものと思われる。

オランダ商館長の江戸参府は寛永十六年（一六三九）に始まった。当初は一年に二回ということもあったが、寛政二年（一七九〇）からは五年に一度となった。したがって、雍通公にとっては珍しい見ものであったろう。

琉球人が上屋敷の門前を通行したとの記録は文化二年（一八〇五）、文化三年と天保三年十一月と十二月にある。薩摩藩島津家は琉球からの使節の宿舎であったので、島津家の近くであった稲葉家の上屋敷まで行って見物したようである。

上屋敷・下屋敷の交流

稲葉家の場合、上屋敷には在位中の殿様が、下屋敷には隠居後の大殿様が住んでいた。距離的には一キロほどであったし、毎日のように行き来していた。たとえば、行事や儀礼の挨拶、季節の見舞いなどには通常側女中を遣わしている。また、殿様や大殿様、奥方や姫君などが相互にお屋敷を訪ねることが多い。

弘化三年、殿様が下屋敷の大殿様を訪ねたときの記録がある。家臣四人、医師、老女はじめ側女中、医師の薬持ち一人、提灯四人、草履取り一人、駕籠四人、女中物持ち一人、合羽駕二人、計二八人の附人であった。たいそうな行列で、ちょっとそこまでというわけにはいかなかった。

隠居後の大殿様は在府の各藩主などと、頻繁に交流している。隠居直後は、寺社参りや祭り、料亭などへ出かけることが多かったが、天保になると料亭通いが減って、お屋敷内での親しい友人との付き合いが多くなっている。年代によって多少の違いはあるが、交友のあった人名をあげてみると松平周防守、堀丹波守、松平甲斐守、松平佐渡守、松平主税守、南部左衛門尉、溝口主膳正、竹越山城守、池田丹波守、堀田伊勢守、小篠相模守、毛利甲斐守、脇坂淡路守、森対馬守、秋月山城守、奥平大膳大夫などである。

交　友

江戸時代、大名は幕府の役職や禄高、昔からの家柄、朝廷から受ける叙任の階級などによって上下が定められていた。江戸城における座席にも格差があった。交流の深かった人々は、稲葉家とほぼ同格の場合が多いようにみえるが、姻戚関係のあった細川家や屋敷の近かった薩摩島津家との交流もある。

西洋の文化と大名の教養

びいどろ

びいどろとはガラスのことで、ギヤマンともいわれていた。わが国での最初のガラス製品は宣教師ザビエルの献上品の中にあった。その後十六世紀末、製法がオランダ人によってまず長崎に、ついで大坂、江戸へと広まった。日記には、享和元年（一八〇一）の正月の年玉にびいどろ水差しとあるのが最初である。文政五年（一八二二）には硝子髪ざしを姫様の土産としている。この硝子の髪ざしは、浅草の酉《とり》の市土産が多い。『我衣《わがころも》』には「享保末からビードロ等がはやり、筆の軸のようにして五色の綿を入れた。後には、ビードロを捻って、笄《こうがい》にさした」とある。享保末といえば一七三〇年ごろであろうか。これを裏付けるように、天明四年（一七八四）に硝子屋と

表11　稲葉家奥日記のびいどろ（硝子）

年　月　日	西暦	品　名	用　途
享和元年　1/10	1801	びいどろ水差し	姫様へ
享和 2年　3/ 2	1802	びいどろ徳利1対	姫様へ
享和 2年　7/ 9	1802	びいどろ水車	
享和 3年　1/ 7	1803	びいどろコップ	
文化元年　4/27	1804	硝子茶碗	着城土産
文化元年　5/ 5	1804	びいどろ	
文化 2年　1/18	1805	びいどろ盃	
文化 2年　2/ 6	1805	びいどろ	
文化 2年　4/18	1805	びいどろ菓子入れ	
文化 2年　4/18	1805	びいどろコップ	
文政 4年　6/24	1821	びいどろ	
文政 4年　7/ 9	1821	ギヤマンコップ	池辺様へ
文政 5年　3/18	1822	硝子髪ざし	姫様へ
文政 6年　6/23	1823	硝子風鈴	
文政 6年　9/11	1823	硝子蓋茶碗	
文政 6年 11/23	1823	びいどろ髪ざし	於八千様へ
文政 7年　2/10	1824	びいどろ髪ざし	浅草土産
文政 7年　6/ 6	1824	硝子猪口	
文政 7年 10/ 5	1824	硝子髪ざし	
文政 7年 11/ 9	1824	硝子熊手	浅草酉の市土産
文政 7年 11/25	1824	硝子髪ざし	
文政 8年 11/14	1825	硝子熊手	浅草酉の市土産
文政12年　9/28	1829	硝子髪ざし	
天保 6年　1/24	1835	びいどろ髪ざし	
天保 7年 11/ 7	1836	熊手髪ざし	浅草土産
天保 8年　1/21	1837	硝子猪口	大殿様亀戸土産
天保11年　6/28	1840	硝子蓋物金平糖	大殿より殿様へ
天保11年 11/13	1840	硝子髪ざし	浅草土産

天保12年 11/14	1841	硝子熊手	浅草土産
天保14年 10/14	1843	びいどろ壷入り金平糖	
弘化 3年閏5/16	1846	びいどろ水差し	
文久 3年 2/16	1863	びいどろこま	
慶応 2年 6/16	1866	びいどろ髪ざし	臼杵への土産
慶応 2年 11/30	1866	ギヤマン御蓋物	
慶応 3年 2/ 7	1867	フラスコ	有卦の品
明治元年 5/20	1868	硝子髪ざし	江戸よりの土産
明治元年 5/28	1868	硝子髪ざし	江戸よりの土産
明治元年 6/11	1868	硝子髪ざし	江戸よりの土産
明治元年 6/13	1868	硝子髪ざし	江戸よりの土産
明治元年 6/15	1868	硝子髪ざし	江戸よりの土産
明治 2年 6/15	1869	硝子髪ざし	江戸よりの土産
明治 2年 6/26	1869	硝子髪ざし	江戸よりの土産
明治 2年 6/28	1869	硝子髪ざし	江戸よりの土産
明治 2年 7/22	1869	硝子髪ざし	江戸よりの土産
明治 3年 7/ 1	1870	硝子髪ざし	江戸よりの土産
明治 3年 7/ 3	1870	硝子髪ざし	江戸よりの土産

いう絵も描かれている。また、文政十二年（一八二九）にはビードロの髪ざし売りの絵も残されている。

当時、硝子を売る店は『江戸買物独案内』（一八二四年）に、増上寺門前に硝子製品を扱う店が四店ある。この案内書には全部で五軒であるから、お屋敷の近くに硝子店が多かったといえる。そのためか、稲葉の殿様は明治になってからも硝子の髪ざしをたくさん買って、臼杵の側女中たちへの土産としている。臼杵ではまだ珍しいものだったと思える。慶応三年（一八六七）にフラスコというものがある。これは酒の燗をするものだったらしい。

オランダの品

オランダの品々がたくさん見られる。たとえば、阿蘭陀《オランダ》コップ、阿蘭陀遠眼鏡などは長崎より贈られたものである。また、宝暦十年（一七六〇）大村弾正《だんじょう》少弼《しょうひつ》から阿蘭陀犬一匹が贈られたとある。さらに、阿蘭陀ゆびわ、阿蘭陀細工、阿蘭陀菓子、阿蘭陀服、紅毛焼菓子鉢などはすべて中津藩奥平家からの贈物である。また、大殿様の土産にオランダ干柿というのもある。干いちじくのことらしい。そのころの奥平家は、薩摩藩島津家から重豪《しげひで》の二男昌高を養子として迎えていた。蘭学に傾注していた昌高は、日蘭辞典の『蘭語訳撰』や『バスタート辞書』などオランダ関係の出版物に力を注いでいた。

稲葉家十三代幾通《ちかみち》の奥方は、中津藩主奥平大膳太夫昌高の六女であったことや、幾通急逝のあと養子となった富太郎の母は同じく昌高の娘であったことなど中津藩とは二代続けて姻戚関係があった。稲葉家の日記にオランダの品が多出するのは、幾通と鈼子《さくこ》姫の結婚後の天保年間が多い。そして、幾通の死後は稲葉家との関係が薄れたのか出現は少なくなる。

オルゴール

オルゴールの初見は天保九年（一八三八）のことで「ヲルゴロ」とある。江戸の下屋敷の大殿様を殿様が訪ねたとき、このとき阿蘭陀細工と一緒に持参している。殿様の奥方は、中津藩主奥平家の出身なので、オルゴールもオランダゆかりの物だったかもしれない。また、慶応三年九月、殿様より慶昌院への土産に「ヲルゴール」とある。

鹿児島市尚古集成館に、幕末のオルゴールが展示されていたのを見たことがある。現在のように小さいものではなく長さ三〇㌢、奥行き二〇㌢、高さ一五㌢ほどのものだった。臼杵では側女中たちへも聞かせたとある。珍しいだけにたびたび鳴らしたのかしばらくして「ヲルゴール御直し願に付……」との記事がある。

時計と写真機

嘉永五年（一八五二）、江戸上屋敷において奥様から殿様へ時計が贈られた。殿様へは珍しいものを差し上げていたようだ。日本の時計は、古くは漏刻時計（水時計）が使われていたが、十六世紀後半に西洋から機械時計が入って、日本の時刻制度に合わせた和時計が作られている。

写真機は明治元年（一八六八）の臼杵の記録にある。「シヤシンキヤウ」と記され、江戸の至徳院より慶昌院への贈物である。この写真機でどんな写真を撮ったのだろうか。明治六年、臼杵城が取り壊される直前の写真が残されているが、この写真機で撮ったに違いないとひとり想像している。

イギリスの焼き物とシャボアン

文久三年（一八六三）、イギリスの焼き物という記録がある。京都よりの使者によって殿様へ届けられたものである。このころには外国の製品がかなり入っていて、土産物などに使われたようだ。

シャボアンは、しゃぼんすなわち石鹼のことで、スペイン語の jabon の古語 xabon のポルトガル語読みと思われる。江戸時代にはわが国では石鹼は珍しく、普通は洗い粉が用いられていた。シャボアンは中津藩奥平様よりの贈物である。

稲葉家の所蔵書

稲葉家の蔵書は現在その多くが臼杵市立臼杵図書館に所蔵されている。江戸時代に刊行された和装本、なかでも『源氏物語』全巻はうるし塗りの三段箱に納められ、金箔の表紙の全国的にも貴重な資料といわれている。また、『栄華物語』全巻は極彩色の絵入りのもので、これも貴重な資料のひとつで、いずれも婚礼のとき持参されたものらしい。

このほかの刊本には武学や法政関係の書、辞典、歴史書、地誌、紀行文、文学書、外国関係の書などさながら図書館のようで、武家における教養の泉といった感がする。このように膨大な蔵書が、武家にとって必須のものだったのだろう。

安政二年（一八五五）には「江戸より御持ち下り御本、学古館へ御下げ……」とある。

現在臼杵図書館に所蔵されている書物の一部を紹介しよう。

一　資治通鑑　一〇帙　一四八冊
一　三礼義疏　一六帙　一六〇冊
一　明朝紀事林　一帙　三〇冊
一　皇朝史略　一帙　一〇冊
一　同　続　同　五冊
一　日本外史　一帙　一二冊
一　武学拾粋　八冊

これらは、もちろん現在臼杵図書館で見ることができる。

文政四年（一八二一）、江戸下屋敷には「昨年より万葉集御本御写し仰せ付けられ……」と祐筆《ゆうひつ》に写させた記事もある。印刷技術が発達していなかった当時にあっては、書写しか方法がなかった。しかし、『万葉集』は大作である。写し終えた祐筆に対して「格別の骨折りにつき……」として殿様より縮緬一反が贈られている。また弘化三年には「合類大節用集三冊写し……」ともある。必要な情報は家々で写本が作られたのである。

臼杵図書館にある稲葉家の所蔵品の中には、絵図がたくさん含まれている。

絵師

総数は四一〇点にのぼり、慶長年間（一五九六～一六一五）の『豊後絵図』や万治年間（一六五八～六二）の『万治歳中臼杵城下絵図』など江戸初期のものも多い。絵図は絵師によって描かれものであるが、稲葉家の場合特定のお抱え絵師がいたわけではない。

絵師に関する記事としては、文化十一年（一八一四）江戸上屋敷に絵師木村玉英の娘が御機嫌伺いに来ている。また、文政三年（一八二〇）雍通隠居、尊通家督の江戸での祝儀に、絵師狩野探信と狩野探玄の二人が招待されているところをみれば、何かのときには依頼をするという関係だったのかもしれない。

幕藩体制の崩壊と暮らしの変化——エピローグ

弘化三年（一八四六）ごろになると、それまでの穏やかな奥日記にも変化が生じ、「外国船の来航が頻繁……」と記されるようになり、開国へ向けての情勢が迫る様子が記されている。また文久二年（一八六二）殿様の江戸よりの書状に「世情不穏の風説もあり」ともある。文久三年の政変は、それ以前から動きがあって、あくまでも幕藩体制を維持しようとする尊王派と改革派の衝突で政局は不安定になっていた。このような状況を臼杵の殿様は憂慮していたと思われる。

この年七月の江戸鼓屋敷には「殿様先月二十九日御老中様方御連名の御奉書到来につき去る二日御発駕」とある。これは、最後の藩主十五代久通公の初入国である。

また、元治元年（一八六四）解雇した女中を帰府帰京させるため船に乗せたが、「上方筋騒動の趣……」と京都の池田屋騒動（禁門の変）のため出船を見合わせたことや、慶応元年（一八六五）五月十七日には「公方様が当月十六日御進発あそばされ、中国九州筋の面々国邑へ人数供え置くよう仰せられた旨江戸より御到来」とあって、臨戦態勢がとられていたことも記されている。さらに、慶応二年十月御直書が臼杵役所に届いた。それは、長州征伐についてのものであった。概略は次のようである。「長州征伐の儀は承知の通り、遂に容易ならざる形勢になり、いつでも出陣できるよう準備をする」といった内容がみられる。しかし、萩藩征伐も成果があがらぬまま、八月には将軍家茂《いえもち》が、十二月には天皇が急逝したのを機に撤兵した。このことは、幕府の権威の失墜を見せつけることとなった。

日常生活の面では、慶応三年に「今日五節句のとおり御召替のところ、去る寅年（慶応二年）より平日のとおり……」とあって、形式的なしきたりはこのころ大きく変化したらしい。また、明治二年（一八六九）九月末には、殿様が家老片岡長左衛門を居間に呼んで、このたび朝廷より仰せられた藩政大改革に精を尽くすよう言い渡している。この二年前の慶応三年（一八六七）大政奉還が行われ、明治二年天皇が京都から東京に入られた。この年の十月の日記には「大変革」と記され、ついに十月十日には「御奥役所今日引き払い」

図22　取り壊し前の臼杵城　明治6年頃

とあって約二五〇年続いた臼杵藩の組織にも幕が引かれたのである。これにともなって、従来には考えられないほど大勢の側女中たちが解雇された。明治二年一月、臼杵の側女中の人数は、上女中一三人、御半下五人、下女四人計二二人であったが、その年の十月には五人、十一月には米山屋敷の女中九人すべてに暇を出している。

また国家の大変革に先立って明治二年六月、十五代久通は藩知事に任ぜられている。日記には「七月十九日より藩知事を勤める」と記され、さっそく「知事様、月桂寺御参詣」と祖先の霊のある菩提寺へ参っている。廃藩置県によって県が置かれたのは、明治四年である。そして臼杵城の取り壊しが行われたのは、明治六年のことである。

廃藩置県よりのちは、日記も飛び飛びになり、明治六年以降はその記録内容も少なくなる。明治八年に記されているものをあげると、年中行事では正月、買い初め、鏡開き、大黒天祭、春秋の彼岸、星祭り、祇園祭り、天長節、餅つきである。儀礼では誕生日、葬儀、法事など、その他上京（乗船）、物見、殿様の漁など以前に比べると格段に少なくなっている。これは奥という組織が崩れたため当然のことではあるが、享和元年（一八〇一）より明治五年（一八七二）までの七一年、延べ一〇四年分に及んだ奥日記は終りを告げたのである。

わが国の文化は、江戸時代にその基盤が形成されたといわれるが、それは世界にもまれな二五〇年に及ぶ平穏な時代を背景としているからであり、その間武家は天皇や貴族・将軍家を規範とし、庶民は武家のしきたりを倣った。武家で働いた多くの側女中たちは、日々の暮らしぶりを自分たちの家だけでなく庶民全体へ伝える役目も果たしたようだ。現在にまで生きている伝統的な行事や儀礼などは、こうして広く深く浸透していったのである。

参考文献

臼杵藩奥祐筆『臼杵藩稲葉家奥日記』（一八〇一〜一八七七年、臼杵市立臼杵図書館蔵）
臼杵藩月番家老『臼杵藩御会所日記』（一六七四〜一八七一年、臼杵市立臼杵図書館蔵）
不詳『稲葉家譜』（不詳、臼杵市立臼杵図書館蔵）
不詳『稲葉家御法号帳』（不詳、臼杵市立臼杵図書館蔵）
不詳『稲葉家文書』第八・十一・十七巻（不詳、大分県先哲史料館蔵）
江後迪子「臼杵藩稲葉家と芝大神宮」（別府大学短期大学紀要一三号、一九九四年）
江後迪子「臼杵藩稲葉家年中行事に用いられた食品・食物」（日本家政学会誌四六―四、一九九五年）
江後迪子『臼杵の殿様暮らしと食』（大分合同新聞社、一九九七年）
江後迪子「九州地方と和菓子」（『和菓子』四号、虎屋文庫、一九九七年）
江後迪子「武家の江戸屋敷の生活」（東京都港区立港郷土資料館研究紀要四、一九九七年）
石川寛子・市毛弘子・江原絢子『食生活と文化』第三版（弘学出版、一九九〇年）
大口六兵衛『進物案内』（春陽堂、一八九五年）
川上行蔵ほか『日本料理秘伝集成』（同朋舎、一九八五年）
鈴木晋一『御前菓子秘伝抄』（教育社新書、一九八八年）
西山松之助『江戸町人の研究』（吉川弘文館、一九七六年）

西山松之助『甦る江戸文化』（NHK出版、一九九二年）
博文館編輯局『明治節用大全』（博文館、一八九四年）
原田信男『江戸の料理史』（中公新書、一九八九年）
松下幸子『祝いの食文化』（東京美術、一九九一年）
松下幸子『江戸料理事典』（柏書房、一九九六年）
三谷一馬『江戸商売図絵』（三樹書房、一九七五年）
三谷一馬『江戸庶民風俗図絵』（三樹書房、一九八〇年）
三谷一馬『江戸年中行事図聚』（立風書房、一九八八年）
三田村鳶魚『江戸年中行事』（中公文庫、一九八一年）
不詳『菓子商桔梗屋記録』（一八一五年、名古屋市鶴舞図書館蔵）
不詳『尾州家御料理方袖中抄』（不詳、東北大学狩野文庫蔵）

あとがき

稲葉家の奥日記に巡りあったのは、一九九〇年のことである。臼杵藩の『御会所日記』を見終えたのちに閲覧したのが奥日記であった。ところが、ページをめくると江戸の地名や名物菓子の名前などが飛び込んできた。以来、三年あまり臼杵へ通い続けることとなった。調べが進むにつれ、さまざまな人間模様を織り込んだ暮らしの記録は私を虜にした。ようやく全体像がつかめるようになり、このたび成城大学教授吉原健一郎先生のおすすめもあってまとめにとりかかった。

最近、私は島津家の中奥日記を読んだ。中奥は殿様の私生活の場である。臼杵藩の場合中奥は置かれていないが、中奥という殿様の生活の場と、奥という女性の生活の場の記録には大きな違いがあるように思える。中奥日記では日々の暮らしについて奥ほどの詳細は記録されていないのに対し、奥日記からは武家の暮らしそのものが見える。

また、同じ稲葉家の屋敷でも住まいする人の性別や年齢などによって、その暮らしぶりは大きく異なることを知った。この日記の大半を占める稲葉家十一代雍通《てるみち》の在位時代二十四歳から四十四歳の隠居を経て七十一歳の死までの記録は、殿様という身分を越えた人間像がみえてくる。たとえば、他藩の大名行列の見物、神社への参詣を兼ねた遊興や祭礼見物などは、西山松之助氏のいう「行動文化」そのものである。このような隠居後の雍通公の行動は、束縛から解放され、自らをも解放した結果、ひとりの自由人となったことを示している。また、化政期を中心としたこの日記はわが国の伝統文化が形成された時期とも重なり、武家の暮らしと庶民のそれとの融合という面も見せてくれた。

歴史についての基礎的な知識に乏しい私にとっては、史料の整理は荷の重い仕事であり、解釈の及ばない部分も多々あることと思うけれども、先輩諸氏のご叱責をいただければこの上ない幸せである。

終りに本書の発行に多大なご助言をいただいた吉原氏ならびに史料の閲覧に長年のご協力をいただいた臼杵市立臼杵図書館、解読に多くのご教示をいただいた元臼杵図書館長板井清一氏、臼杵城の写真撮影にご協力いただいた臼杵市役所文化振興課の皆様、稲葉家関連の文書の閲覧をさせていただいた大分県立先哲史料館に心より感謝申し上げる。

また、本書の中心課題でもある「臼杵藩稲葉家祐筆日記にみえる食物について」のテーマで平成四年度アサヒビール生活文化研究振興財団より研究助成を受け、石川松太郎・寛子両先生のご教示のもとに研究がすすんだことにも感謝申し上げたい。

一九九九年五月

江　後　迪　子

著者紹介

一九三四年、兵庫県に生まれる
一九七四年、実践女子大学大学院修士課程修了
広島文教女子大学短期大学部助教授、別府大学短期大学部教授を経て
現在、フリー

主要編著書
大分の食事〈編〉　カステラ文化誌全書　和菓子のたのしみ方　臼杵の殿様―暮らしと食―

歴史文化ライブラリー
74

隠居大名の江戸暮らし
年中行事と食生活

一九九九年九月一日　第一刷発行

著者　江《え》後《ご》迪《みち》子《こ》
発行者　林　英男
発行所　株式会社吉川弘文館
東京都文京区本郷七丁目二番八号
郵便番号一一三―〇〇三三
電話〇三―三八一三―九一五一〈代表〉
振替口座〇〇一〇〇―五―二四四
印刷＝平文社　製本＝ナショナル製本
装幀＝山崎　登

歴史文化ライブラリー

1996.10

刊行のことば

現今の日本および国際社会は、さまざまな面で大変動の時代を迎えておりますが、近づきつつある二十一世紀は人類史の到達点として、物質的な繁栄のみならず文化や自然・社会環境を謳歌できる平和な社会でなければなりません。しかしながら高度成長・技術革新にともなう急激な変貌は「自己本位な刹那主義」の風潮を生みだし、先人が築いてきた歴史や文化に学ぶ余裕もなく、いまだ明るい人類の将来が展望できていないようにも見えます。このような状況を踏まえ、よりよい二十一世紀社会を築くために、人類誕生から現在に至る「人類の遺産・教訓」としてのあらゆる分野の歴史と文化を「歴史文化ライブラリー」として刊行することといたしました。

小社は、安政四年(一八五七)の創業以来、一貫して歴史学を中心とした専門出版社として書籍を刊行しつづけてまいりました。その経験を生かし、学問成果にもとづいた本叢書を刊行し社会的要請に応えて行きたいと考えております。

現代は、マスメディアが発達した高度情報化社会といわれますが、私どもはあくまでも活字を主体とした出版こそ、ものの本質を考える基礎と信じ、本叢書をとおして社会に訴えてまいりたいと思います。これから生まれでる一冊一冊が、それぞれの読者を知的冒険の旅へと誘い、希望に満ちた人類の未来を構築する糧となれば幸いです。

吉川弘文館

〈オンデマンド版〉
隠居大名の江戸暮らし
年中行事と食生活

歴史文化ライブラリー
74

2017年（平成29）10月1日　発行

著　者　江《え》後《ご》迪《みち》子《こ》
発行者　吉川道郎
発行所　株式会社　吉川弘文館
〒113-0033　東京都文京区本郷7丁目2番8号
TEL　03-3813-9151〈代表〉
URL　http://www.yoshikawa-k.co.jp/

印刷・製本　大日本印刷株式会社
装　幀　清水良洋・宮崎萌美

江後迪子（1934～）

ISBN978-4-642-75474-3